W0075791

LEO BUSCAGLIA

DAS ELIXIER DES LEBENS

**Liebe –
das größte Abenteuer**

Deutsche
Erstveröffentlichung

GOLDMANN VERLAG

Aus dem Amerikanischen übertragen
von Hans Jürgen Baron von Koskull
Titel der Originalausgabe: Love
Originalverlag: Charles B. Slack, Inc./Holt, Rinehart and Winston,
New York

Made in Germany · 10. 87 · 2. Auflage
© der Originalausgabe 1972 by Leo F. Buscaglia
© der deutschsprachigen Ausgabe 1986
by Wilhelm Goldmann Verlag, München
Umschlagentwurf: Design Team München
Umschlagillustration: Design Team München
Satz: IBV Satz- und Datentechnik GmbH, Berlin
Druck: Elsnerdruck, Berlin
Verlagsnummer: 14021
Lektorat: Michael Görden
Herstellung: Gisela Ernst/Voi
ISBN 3-442-14021-8

Inhalt

Dieses Buch widme ich meinen Eltern, Tulio und Rosa Buscaglia.
Von niemandem habe ich die Liebe besser lernen können als von ihnen, denn sie haben sie nicht gelehrt, sondern vorgelebt.
Ich widme dieses Buch auch all jenen, die mir geholfen haben, in der Liebe zu wachsen, und jenen, die mir morgen helfen werden.

Leo F. Buscaglia

Einführung

»Sich um die Liebe zu betrügen ist der fürchterlichste Betrug; es ist ein ewiger Verlust, der sich nie ersetzen läßt, weder in der Zeit noch in der Ewigkeit.«

Kierkegaard

Im Winter 1969 nahm sich eine meiner intelligentesten, sensibelsten Studentinnen das Leben. Sie stammte anscheinend aus einer Familie des gehobenen Mittelstandes. Ihre Noten waren ausgezeichnet. Sie war beliebt und überall gern gesehen. An jenem Tag im Januar fuhr sie in ihrem Auto zur Steilküste von Pacific Palisades in Los Angeles, ließ den Motor laufen, ging an den Rand einer hohen Felsklippe und sprang in den Tod. Sie hinterließ weder eine Nachricht, noch eine Erklärung. Sie war erst 20 Jahre alt.

Nie habe ich ihre wachen, lebendigen, einfühlsamen, ausdrucksvollen Augen vergessen können. Ich kann mich sogar noch an ihre Klausuren und Prüfungsarbeiten erinnern, die ich stets mit großem Interesse gelesen habe. Ich schrieb an den Rand einer ihrer Arbeiten, die ich ihr nicht mehr zurückgeben konnte: »Eine sehr gute Arbeit; verständnisvoll, intelligent und sensibel. Sie zeigt Ihre Fähigkeit, in Ihrem ›wirklichen‹ Leben das anzuwenden, was Sie bisher gelernt haben. Eine gute Leistung.« Was wußte ich schon von ihrem »wirklichen« Leben?

Ich frage mich oft, was ich in ihren Augen – oder in ihren Arbeiten – lesen würde, wenn ich sie jetzt sehen könnte. Doch hier ging es mir wie mit so vielen Menschen und Situationen in unserem Leben; wir nehmen sie nur oberflächlich wahr, sie verschwinden aus unserem Gesichtsfeld, und wir können sie nie wieder in der gleichen Weise erleben.

Ich habe nicht mir die Schuld an ihrem Tod gegeben. Ich habe mich nur gefragt, was ich hätte tun können, wenn es mir möglich gewesen wäre, ihr auch nur in einem einzigen entscheidenden Augenblick beizustehen.

Es war diese Frage, die mich mehr als alles andere veranlaßt hat, in jenem Jahr eine Versuchsklasse einzurichten. Es war eine zwanglose Gruppe, der sich jeder Student anschließen und die er jederzeit wieder verlassen konnte. Mein Ziel war die Förderung der Persönlichkeitsentfaltung. Es sollte keine problemorientierte oder psychotherapeutische Gruppe und auch keine Begegnungsgruppe sein. Ich war Lehrer und kein Psychotherapeut. Diese Gruppe sollte die Erfahrung eines einzigartigen Lernprozesses machen, und mein Seminar sollte jedem Studenten einen definitiven, aber doch lockeren Rahmen geben, innerhalb dessen allgemein interessierende und wichtige Fragen angesprochen wurden. Diese Fragen sollten in unmittelbarer Beziehung zum persönlichen Leben der Studenten stehen. Die Studenten, mit denen ich dann zusammenarbeitete, interessierten sich außergewöhnlich stark für das Leben, für Sex, Persönlichkeitsentwicklung, Verantwortung, für den Tod, die Hoffnung und die Zukunft. Doch offensichtlich war die Liebe ihr Grundthema, das alle diese Bereiche durchdrang und noch darüber hinausging.

Ich nannte meine Klasse das »Liebesseminar«.

Ich wußte schon vorher, daß ich diese jungen Leute nicht im üblichen Sinne »unterrichten« konnte. Das wäre eine Anmaßung gewesen. Mein »Wissen« und meine Erfahrungen auf diesem Gebiet waren ebenfalls begrenzt. Wie jeder meiner Studenten bemühte ich mich darum herauszufinden, was die wirkliche Bedeutung des Wortes »Liebe« ist. Ich konnte den jungen Menschen nur als Helfer zur Seite stehen, während wir gemeinsam versuchten, das diffizile Phänomen der menschlichen Liebe besser zu verstehen. Gegen einen solchen Unterricht hatte niemand etwas einzuwenden, solange ich ihn in meiner Freizeit und ohne Bezahlung abhielt. Natürlich stieß ich auf die

Skepsis derer, die die Liebe nicht als Lehrfach in den Universitätslehrplan aufnehmen wollten, weil das nach ihrer Meinung kein ernstzunehmendes Studienfach war.

In den folgenden Wochen amüsierten mich die seltsamen Blicke sehr, die mir meine Kollegen immer wieder zuwarfen. Ein Professor, der beim Mittagessen mit mir über meine Pläne sprach, bezeichnete die Liebe und jeden, der es sich zur Aufgabe machte, darüber zu unterrichten, als »irrelevant«. Andere fragten mich spöttisch und mit lüsternen Blicken, ob die Klasse ein Laboratorium brauche, in dem ich selbst die entscheidenden Untersuchungen vornehmen wollte.

Doch trotz aller Vorbehalte nahm die Zahl der Teilnehmer ständig zu, und wir mußten sie schließlich auf hundert pro Jahr begrenzen. Es waren Studenten aller Altersstufen, vom ersten Semester bis zu den schon Promovierten, und jeder brachte die seiner Reife entsprechenden Erfahrungen mit. Jeder war eine unverwechselbare Persönlichkeit und leistete mit seinen eigenen Kenntnissen und Ansichten einen Beitrag zu dem gemeinsamen Unternehmen.

Dieses Buch ist das Ergebnis des »Liebesseminars«. Es soll kein gelehrtes, hochphilosophisches oder grundlegendes Werk über die Liebe sein. Es beschreibt vielmehr die in der Gruppe zum Vorschein gekommenen vitalen und praktischen Ideen, Gefühle und Beobachtungen, soweit sie nach meiner Überzeugung für die *conditio humana* eine wesentliche Bedeutung haben. Man könnte sagen, die Studenten und ich hätten das Buch gemeinsam geschrieben; es hat daher etwa 400 Autoren.

Wir haben es nicht versucht, und es ist uns in diesen drei Jahren auch nicht gelungen, den Begriff »Liebe« zu definieren. Während die Liebe in uns zunahm, hatten wir das Gefühl, jede Definition müsse die Liebe einengen. Liebe schien uns grenzenlos zu sein.

Einer meiner Studenten hat gesagt: »Für mich gleicht die Liebe einem Spiegel. Wenn ich jemanden liebe, werde ich sein Spiegel, und er wird meiner; und wenn wir uns gegenseitig in der Liebe des anderen widerspiegeln, dann blicken wir in die Unendlichkeit.«

Die Begegnung mit der Liebe

Wenn wir gemeinsam die Liebe erfahren wollen, dann müssen Sie wissen, wer ich bin und wo ich »stehe«. Ich heiße BUSCAGLIA; und dieser Name läßt sich ganz einfach aussprechen. Ich beginne immer wieder mit dieser Geschichte, denn sie amüsiert mich sehr. Vor einiger Zeit meldete ich ein Ferngespräch an. Die Leitung war besetzt, und die Telefonistin in der Vermittlung sagte mir, sie werde mich zurückrufen. Ich nannte meinen Namen, wartete eine Zeitlang, und dann läutete das Telefon. Als ich den Hörer aufnahm, sagte sie: »Könnten Sie Dr. Boxcar sagen, daß sein Gespräch da ist?« Ich sagte: »Könnte es nicht auch Buscaglia heißen?« Sie kicherte und sagte: »Sir, es könnte praktisch alles heißen!«

Mein Name bereitet mir immer wieder viel Freude, denn ich heiße nicht nur Buscaglia, sondern, wenn Sie genauer hinsehen, auch Leo F. Nun, in Wirklichkeit heiße ich nicht Leo, sondern Leonardo. Der Buchstabe F. ist der Anfangsbuchstabe meines eigentlichen Vornamens Felice, und der bedeutet »glücklich sein«. Ist das nicht phantastisch? Felice Leonardo Buscaglia! Vor einiger Zeit wollte ich eine Reise in die Länder des kommunistischen Blocks unternehmen und brauchte dazu ein Visum. In einem großen Büroraum in Los Angeles mußte ich ein hochoffizielles Formblatt ausfüllen und einreichen. Anschließend wurde ich aufgefordert, mich zu setzen und zu warten, bis ich aufgerufen würde. Als es so weit war, stand dieser unglückliche Mann hinter dem Pult, zögerte einen Augenblick, sah sich das Formblatt an, und ich wußte, jetzt würde ich an der Reihe sein. Er nahm gewissermaßen einen zweiten Anlauf, atmete tief, blickte auf und sagte: »Phyllis?« Ich schwöre, ich werde auf alles mögliche reagieren, aber nicht auf Phyllis.

Ja, ich muß es zugeben, die Liebe hat mich »gepackt«, und ich schäme mich dessen nicht. Ich habe eine einzige Botschaft, die ich Ihnen jetzt verkünden kann. Dann dürfen Sie das Buch beiseite legen, einen Spaziergang machen, Händchen halten oder tun, was Sie wollen.

In unserer Gesellschaft leben wir in einer Phase, in der wir uns wirklich bemühen, den Sinn des Lebens zu ergründen und herauszufinden, was Leben-lernen ist und was Veränderungen bedeuten. Wir machen uns mit einem neuen Vokabular vertraut. Wir beschäftigen uns mit dem Begriff »konditionieren« und suchen zu ergründen, welche Einflüsse unser Verhalten bestimmen und modifizieren. Wir befassen uns mit Verstärkung *[reinforcement]* und stellen fest, daß sie nötig ist und daß sie wahrscheinlich unser Verhalten beeinflußt. Zur Verstärkung verwenden wir alle möglichen Mittel. Wir benutzen dazu das Geld, das Läuten von Glocken und Elektroschocks. Wir benutzen sogar Süßigkeiten. In letzter Zeit ist die Sorte M. & M. sehr beliebt, und wenn irgend jemand die richtige Reaktion zeigt, stecken wir ihm ein M. & M. in den Mund. Die Botschaft, die ich Ihnen heute zu vermitteln habe, ist einfach die, daß das beste M. & M. in der Welt ein warmes, pulsierendes, nicht schmelzendes menschliches Wesen ist – das DU! Die wirkliche Liebe ist ein sehr menschliches Phänomen.

Vor etwa fünf Jahren habe ich an der Universität ein Liebesseminar eingerichtet. Mein Lehrfach ist tatsächlich die Liebe, und unsere Universität ist wahrscheinlich die einzige im ganzen Land, an der es ein solches Seminar gibt. Wir treffen uns jeden Dienstagabend. Wir sitzen auf dem Fußboden und sprechen miteinander, und ich bin überzeugt, die von uns ausgehenden Schwingungen sind in der ganzen Welt fühlbar. Natürlich lehre ich die Liebe nicht, sondern ich eröffne ihr neue Möglichkeiten, wirksam zu werden und zu wachsen.

Die Liebe ist ein erlernbares Phänomen, und ich glaube, die Soziologen, Anthropologen und Psychologen werden uns ohne zu zögern zustimmen. Was mir Sorgen macht, ist die Vermutung, daß viele von uns nicht glücklich damit sind, wie wir zu lieben gelernt haben. Als erfahrene menschliche Wesen müssen wir sicherlich an eines mehr glauben als an alles andere – wir glauben an den Wandel der Dinge. Wenn du also mit den gewohnten Begleitumständen der Liebe nicht zufrieden bist, dann verändere sie; du kannst eine neue Szene schaffen. Und du kannst nur das verschenken, was du hast. Das ist das Wunder. Wenn du Liebe hast, dann kannst du sie auch verschenken. Wenn du sie nicht hast, dann kannst du sie auch nicht geben. Eigentlich ist es keine Sache des Gebens. Es ist eine Sache des Teilens. Alles, was ich besitze, kann ich mit dir teilen. Und ich verliere nichts davon, weil ich es trotzdem noch habe. Ich könnte zum Beispiel jeden Leser lehren, was ich weiß, und ich würde doch selbst noch alles wissen. Es ist mir möglich – und nicht unvernünftig, jeden mit der gleichen Intensität zu lieben und trotzdem die ganze Liebesenergie, die ich jemals hatte, zu behalten. Ein menschliches Wesen zu sein bedeutet, an vielen Wundern teilzuhaben, aber dies ist eines der größten Wunder.

Erst in neuester Zeit läßt es sich rechtfertigen, daß Wort »Liebe« überhaupt zu erwähnen. Jedesmal, wenn ich irgendwo einen Vortrag halten will, werde ich gefragt: »Werden Sie über die Liebe sprechen?« Dann antworte ich: »Allerdings.« Und die Leute sagen: »Wie lautet der Titel Ihres Vortrags?« Ich antworte: »Sagen wir einfach ›Liebe‹.« Nach kurzem Zögern sagen diese Leute dann: »Nun, wissen Sie, dies ist eine Versammlung von Fachleuten. Sie könnten das vielleicht falsch verstehen. Was wird die Presse sagen?« Dann mache ich den Vorschlag: »Durch Zuneigung bewirkte Verhaltensveränderung.« Damit sind sie dann einverstanden, weil es angemessener und wissenschaftlicher klingt, und jeder ist zufrieden.

Die Wissenschaftler haben die Liebe bisher praktisch ignoriert, und das ist erstaunlich. Meine Studenten und ich haben eine Studie angefertigt. Wir haben Bücher über Psychologie, Soziologie und Anthropologie durchgearbeitet und dabei festgestellt, daß das Wort »Liebe« kaum erwähnt wird. Das ist schockierend, weil wir alle wissen, daß wir die Liebe brauchen, daß wir ständig danach suchen; und doch findet sie in den wissenschaftlichen Untersuchungen keinen Raum. Man nimmt lediglich an, daß irgendeine geheimnisvolle Lebenskraft sie in uns erzeugt.

Eines der letzten Bücher von Pitirim Sorokin hat den Titel *The Ways and Power of Love*.[1] Es berichtet über viele wunderbare Untersuchungen von Gemütsbewegungen, die der Verfasser durchgeführt hat, weil es ihn beunruhigte, daß die Menschen offensichtlich alle in verschiedene Richtungen gehen. Dr. Albert Schweitzer hat gesagt: »Wir leben zwar alle sehr eng zusammen, sterben aber doch alle vor Einsamkeit.« Ich habe das gleiche Gefühl, auch Sie kennen es sicher, und Dr. Sorokin hält das ebenfalls für zutreffend. In seinem Buch unternimmt er den Versuch, uns zu sagen, wie wir uns einander wieder annähern könnten. Wenn das jemals notwendig gewesen ist, dann jetzt. In der Einführung zu seinem Buch sagt er: »Unser Sinnesbewußtsein bestreitet entschieden die Macht der Liebe. Wir halten sie für eine Illusion. Wir bezeichnen sie als Selbsttäuschung, als Opium für den menschlichen Geist, als unwissenschaftlichen Schwindel und unwissenschaftliche Täuschung.« Einige von Ihnen haben Wirtschaftswissenschaften studiert und kennen das Lehrbuch von Samuelson. Erinnern Sie sich an dieses langweilige Buch? Aber in der letzten von fünf Auflagen – können Sie sich vorstellen, daß dieses Buch fünf Auflagen erlebt hat? – gibt es ein Kapitel, das Sie amüsieren wird. Seine Überschrift lautet »Liebe und Wirtschaft«. Es ist ein schönes Kapitel. In seiner Einführung sagt der Verfasser: »Ich weiß, meine Kollegen in Harvard werden sagen, ich hätte den Verstand verloren, aber ich möchte Ihnen darauf erwidern, daß ich ihn soeben gefunden habe.«

Sorokin sagt auch: »Wir sind voreingenommen gegenüber allen Theorien, die zu beweisen versuchen, wie stark die Liebe das menschliche Verhalten und die Persönlichkeit bestimmt, den Verlauf der biologischen, sozialen, geistigen und moralischen Evolution beeinflußt, historische Ereignisse in eine bestimmte Richtung führt und bei der Gestaltung sozialer und kultureller Einrichtungen mitwirkt. In einem von Sinneswahrnehmungen bestimmten Milieu erscheinen solche Theorien nicht überzeugend, unwissenschaftlich, von Vorurteilen und

---

[1] In wörtlicher Übersetzung: »Die Wege und die Kraft der Liebe«.

Aberglauben beeinflußt.« Ich glaube, hier stehen wir wirklich. Die Liebe ist für uns ein von Vorurteilen, Aberglauben und Unwissenschaftlichkeit belasteter Schwindel.

Ich möchte mit Ihnen darüber sprechen, wie wir nach meiner Ansicht unterstützende, nicht schmelzende, großartige, zärtliche, liebende menschliche Persönlichkeiten werden können. Zu allererst muß sich der liebende Mensch um sich selbst kümmern. Das ist die erste Voraussetzung. Ich meine damit keinen »Egotrip«. Ich spreche vielmehr über den Menschen, der sich selbst wirklich ernst nimmt und sagt: »Alles wird durch mich gefiltert, und deshalb habe ich um so mehr zu geben, je größer ich bin. Je mehr ich weiß, desto mehr Wissen kann ich vermitteln. Je mehr ich begreife, desto größer wird meine Fähigkeit, andere zu unterrichten und aus mir selbst das phantastischste, schönste, wundervollste und zärtlichste menschliche Wesen auf der Welt zu machen.«

Einige bedeutende Psychologen in Kalifornien wie Rogers, Maslow und Herbert Otto sind bei der Erforschung des menschlichen Geistes zu aufregenden Erkenntnissen gelangt. Diese Männer und andere Wissenschaftler sagen, wir seien nur ein kleiner Teil dessen, was wir [eigentlich] sind, und das menschliche Wesen verfüge über ein enormes Potential. Es sei daher gar nicht abwegig zu behaupten, wenn wir wirklich fliegen wollten, dann könnten wir fliegen! Wir könnten die Fähigkeit erwerben, mit dem Tastsinn Farben zu unterscheiden. Wir könnten besser sehen als ein Adler, besser riechen als ein Jagdhund und unser Bewußtsein so weit schärfen, daß wir ständig von den aufregendsten Träumen erfüllt wären. Und doch geben wir uns damit zufrieden, nur ein Bruchteil dessen zu sein, was wir sind, und sind sogar ganz glücklich dabei. Der Londoner Psychiater R. D. Laing stellt in seinem Buch *The Politics of Experience*[1] eine sehr provozierende Behauptung auf, die für uns zunächst recht ungewohnt und furchterregend klingen mag, in Wirklichkeit aber eine unglaubliche Herausforderung darstellt. Er sagt: »Was wir denken, ist weniger als das, was wir

[1] Deutsche Ausgabe: Phänomenologie der Erfahrung. Suhrkamp, Frankfurt 1975.

17

wissen. Was wir wissen, ist weniger als das, was wir lieben. Was wir lieben, ist so viel weniger als das, was es gibt. Und genau um so viel sind wir weniger als das, was wir sind.« Ist das nicht ein erschütternder Gedanke?

Wenn wir das erkannt haben, dann sollten wir den unwiderstehlichen Drang verspüren, mehr aus uns werden zu lassen. Wenn unser ganzes Leben darauf gerichtet ist, mehr zu werden, zu wachsen, mehr zu sehen, zu fühlen, zu berühren, zu riechen –, dann wird es keine einzige langweilige Sekunde mehr geben. Meinen Studenten rufe ich zu: »Denkt daran, was ihr seid und welches phantastische Potential in euch liegt!«

Es will mir scheinen, als hätten wir bisher die wundervolle Einzigartigkeit jedes Individuums nicht gebührend gefeiert. Ich würde der Behauptung zustimmen, daß die Persönlichkeit die Gesamtsumme aller Erfahrungen ist, die wir vom Augenblick unserer Empfängnis bis jetzt in unserem Leben gemacht haben – einschließlich unserer Erbmasse. Was man jedoch oft übersieht, ist ein X-Faktor: ein gewisses Etwas im *Du* des *Du,* das dich von jedem einzelnen anderen menschlichen Wesen unterscheidet, das bestimmt, wie deine Persönlichkeit in der Welt erscheint, wie du diese Welt siehst und wie du zu einem besonderen, einzigartigen menschlichen Wesen werden kannst. Um diese Einzigartikeit mache ich mir Sorgen, weil ich den Eindruck habe, daß wir sie fallenlassen, sie verlieren. Wir legen nicht genügend Wert auf diese Einzigartigkeit. Wir veranlassen die Menschen nicht, sie zu entdecken und weiterzuentwickeln.

Die Erziehung sollte das Verfahren sein, das jeden dabei unterstützt, seine Einzigartigkeit zu entdecken, das ihn lehrt, diese Einzigartigkeit zu entwickeln, und ihm dann zeigt, wie er sie mit anderen teilen kann; denn das ist der einzige Grund, weshalb wir überhaupt etwas besitzen. Stellen Sie sich vor, wie diese Welt aussehen würde, wenn es auf Ihrem Lebensweg immer wieder Menschen gäbe, die Ihnen sagten: »Es ist gut, daß du einzigartig bist; es ist gut, daß du anders bist als ich. Zeige mir das, worin du dich von mir unterscheidest, damit ich vielleicht etwas daraus lernen kann.« Aber wir erleben immer wieder, daß versucht wird, alle Menschen gleichzumachen.

Vor einigen Wochen bin ich mit einigen der Lehramtskandidaten an der Universität in die Schulklassen gegangen und war erstaunt festzustellen, daß sich dort seit meiner Schulzeit – vor einer Million Jahren! – bis heute nichts geändert hat. So kam zum Beispiel die Zeichenlehrerin in die Klasse. Sie wissen doch noch, wie wir uns auf die Zeichenstunde gefreut haben. Wir legten die Schulhefte fort und nahmen die Buntstifte heraus, und dann kam endlich diese unglückliche Person herein. Mir tun diese armen Zeichenlehrer, die in so vielen Klassen unterrichten müssen, wirklich leid. Die Lehrerin hat also eben den Unterricht in einer anderen Klasse beendet, kommt hereingestürzt, nickt dem Klassenlehrer zu, wendet sich an die Kinder und sagt: »Jungen und Mädchen, heute zeichnen wir einen Baum.« Sie geht an die Tafel und zeichnet *ihren* Baum, eine große grüne Kugel mit einem kleinen braunen Stamm. Erinnern Sie sich noch an diese Bäume, die aussahen wie Lutscher? Ich habe in meinem ganzen Leben nie einen solchen Baum gesehen, aber die Lehrerin zeichnet ihn an die Tafel und sagt: »Also, Jungen und Mädchen, zeichnet!« Und alle beugen sich über ihre Blätter und zeichnen.

Wer nicht auf den Kopf gefallen ist, weiß auch schon in diesem jugendlichen Alter, daß die Lehrerin von jedem erwartet, er werde *ihren* Baum zeichnen. Je ähnlicher der Baum des Schülers dem der Lehrerin ist, desto besser wird seine Note. Wer das schon in der ersten Klasse begriffen hat, zeichnet einen solchen Lutscher, und die Lehrerin sagt: »Das ist ein wunderbarer Baum.« Doch da sitzt ein junger Bursche, der einen Baum so gut kennt, wie ihn diese Frau in ihrem ganzen Leben nicht gesehen hat. Er ist auf einen Baum geklettert, hat seinen Stamm umarmt, ist von diesem Baum gefallen und hat das Säuseln des Windes in den Zweigen gehört. Er weiß wirklich, was ein Baum ist, und er weiß, daß ein Baum kein Lutscher ist! Er nimmt also seine purpurfarbenen, gelben, organgefarbenen, grünen und roten Stifte, fertigt eine wunderschöne, verrückte Zeichnung an und gibt sie ab. Sie wirft nur einen Blick darauf und kreischt: »Geistig zurückgeblieben!«

Es gibt eine hübsche Geschichte über das Erziehungswesen,

die mich immer wieder amüsiert. Sie heißt *Die Tierschule*. Ich erzähle sie besonders gern, weil sie so verrückt ist, aber doch den Nagel auf den Kopf trifft. Unsere Erzieher lachen schon seit vielen Jahren über diese Geschichte, aber niemand ändert etwas an den bestehenden Verhältnissen.

Eines Tages trafen sich die Tiere im Wald und beschlossen, eine Schule einzurichten. Da waren ein Kaninchen, ein Vogel, ein Eichhörnchen, ein Fisch und ein Aal, und sie bildeten einen Ausschuß für das Unterrichtswesen. Das Kaninchen verlangte, das Laufen sei in den Lehrplan aufzunehmen. Der Vogel wollte das Fliegen zum Unterrichtsfach machen. Für den Fisch war das Schwimmen das Wichtigste. Und das Eichhörnchen bestand darauf, das Klettern auf senkrecht stehende Baumstämme als Unterrichtsfach einzuführen. Nun wurden alle diese Fächer in den Lehrplan geschrieben. Und *alle* Tiere sollten in *allen* Fächern unterrichtet werden. Das Kaninchen bekam zwar eine Eins im Laufen, hatte jedoch große Schwierigkeiten, auf einen Baum zu klettern, und fiel dabei ständig auf den Rücken. Sehr bald trug es einen Gehirnschaden davon und konnte auch nicht mehr laufen. Es bekam jetzt keine Eins, sondern nur noch eine Drei im Laufen und im Klettern natürlich eine Sechs. Der Vogel konnte wunderbar fliegen, aber als man von ihm verlangte, ein Loch in die Erde zu graben, gelang ihm das nicht so gut, er beschädigte dabei seinen Schnabel und die Flügel. Sehr bald bekam auch er im Fliegen nur noch die Note Drei und eine Sechs im Graben, gar nicht zu reden von den Schwierigkeiten, die er beim Klettern hatte. Die Moral von der Geschichte ist, daß schließlich der geistig zurückgebliebene Aal zum besten Schüler der Klasse wurde, da er allen Anforderungen so halbwegs gerecht werden konnte. Aber die Lehrer waren glücklich, weil alle Schüler in sämtlichen Fächern unterrichten wurden und man das Ganze als Erziehung auf breiter Basis bezeichnen konnte. Wir lachen über diese Geschichte, tun aber im Grunde das gleiche. Wir versuchen tatsächlich, alle Menschen über den gleichen Leisten zu schlagen, und wir lernen sehr bald, daß der Erfolg in unserem Erziehungssystem von der Fähigkeit abhängt, sich anzupassen.

Auch an der Universität wird noch eine solche Anpassungs-fähigkeit verlangt. Wir als Lehrer an den höheren Lehranstalten sind ebenso schuld daran wie alle anderen. Wir sagen unseren Schülern nicht: »Folge deinem eigenen Gedankenflug! Denke selbst!« Wir füttern sie mit unserem veralteten Wissen und sagen ihnen: »Das ist das Wesentliche, und das ist das Wichtige.« Ich kenne Professoren, die nur eine einzige beste Möglichkeit, einen einzigen besten »Weg« lehren. Sie sagen nicht: »Hier sind die verschiedensten Werkzeuge; benutze sie und erzeuge damit etwas Eigenes! Denke abstrakt! Fange an zu träumen! Wenn du eine Zeitlang geträumt hast, finde etwas Neues!« Könnte es nicht sein, daß es unter den Studenten größere Träumer gibt, als sie es selbst sind? Alles beginnt bei dir selbst. Du kannst nur geben, was du selbst besitzt. Verzichte nicht auf deinen Baum, sondern halte dich an ihm fest. Du bist das einzige Du, die einzige magische Kombination von Kräften, die es je geben wird und je gegeben hat, die einen solchen Baum zeichnen kann. Du bist das beste Du. Wenn du versuchst, ein anderer zu sein, dann kannst du nur der Zweitbeste sein.

Wir leben in einer Zivilisation, in der eine Persönlichkeit nicht daran gemessen wird, wer sie ist oder was sie ist, sondern daran, was sie hat. Wenn jemand viel hat, dann muß er ein großer Mann sein. Hat er wenig, dann kann er nur unbedeutend sein. Vor etwa sieben Jahren beschloß ich, etwas ganz Ausgefallenes zu tun – jedenfalls hielt man damals ein solches Verhalten für sehr ungewöhnlich. Ich ging daran, alles zu verkaufen, was ich hatte: meinen Wagen, meine Lebensversicherungspolice, mein Haus und alle »wichtigen« Dinge, um mich für einige Jahre zu verabschieden. Ich begab mich auf die Suche nach *mir selbst*. Den größten Teil dieser Zeit brachte ich in Asien zu, weil ich über Asien weniger wußte als über andere Teile der Welt. Die Länder Asiens sind unterentwickelte Länder. Sie haben nur sehr wenig und müßten daher schrecklich unbedeutend sein. Aber ich stellte etwas ganz anderes fest. Diejenigen von Ihnen, die dort gewesen sind oder die sich eingehend mit der asiatischen Kultur beschäftigt haben, werden mir darin zustimmen, daß die Vorstellungen darüber im Westen ganz falsch sind. Ich habe in Asien sehr vieles gelernt und von dieser Reise nach Hause zurückgebracht, was mich auf einen ganz neuen Weg geführt hat. Wohin dieser Weg geht, weiß ich noch nicht, und es kümmert mich auch nicht, aber er ist ganz neu, spannend und voller Wunder.

In Kambodscha habe ich eine sehr interessante Feststellung gemacht. Der größte Teil des Landes besteht aus einem großen See, dem Tonle Sap. In der Umgebung dieses Sees leben und arbeiten viele Menschen. Die Touristen, die nach Kambodscha kommen, fahren direkt nach Angkor Wat. Sie sollten das auch tun, denn das ist ein phantastisches Erlebnis. Die Ruinen der buddhistischen Tempel werden von den riesigen Bäumen des Urwalds, in denen sich die Affen tummeln, verschlungen. Das ist ein unglaublicher Anblick, den man sich in seinen kühnsten Träumen nicht vorstellen kann. Ich lernte dort eine Französin kennen, die dieses Land so sehr liebte, daß sie dort blieb, nachdem die Franzosen Kambodscha verlassen hatten, obwohl sie hier nur als Bürgerin zweiter Klasse leben durfte. Sie liebte dieses Land und seine Bewohner und war bereit, alles auf sich zu nehmen, was das Leben hier von ihr verlangte. Sie sagte mir: »Wissen Sie, Leo, wenn Sie diese Leute wirklich kennenlernen wollen, dann finden Sie sie nicht in den Ruinen. Sie finden sie in ihren Dörfern. Nehmen Sie mein Fahrrad, fahren Sie nach Tonle Sap, und sehen Sie, was dort jetzt geschieht.«

In Kambodscha ist die Natur sehr streng. Alljährlich spült der Monsunregen alles in die Flüsse, Bäche und Seen. Man baut dort keine festen Häuser, weil sie doch nur fortgespült würden. Man baut kleine Hütten. Die Touristen sehen sich das an und sagen: »Sind das nicht merkwürdige Leute? Sie sind zwar arm, aber müssen sie in einem solchen Schmutz und Elend leben?« Es ist kein Schmutz. Es kommt darauf an, wie man es betrachtet. Sie lieben ihre Häuser, die den Anforderungen des Klimas und ihrer Kultur entsprechen und dabei durchaus bequem sind. Ich fuhr also an den großen See. Die Menschen waren damit beschäftigt, sich auf den Monsunregen vorzubereiten. Dazu bauten sie große Flöße, auf denen viele von ihnen

Platz haben. Wenn der Monsunregen die Häuser fortspült, besteigen mehrere Familien ein Floß, auf dem sie etwa sechs Monate im Jahr zusammenleben. Wäre es nicht schön, mit seinen Nachbarn in einer Gemeinschaft zusammenzuleben? Stellen Sie sich nur einmal vor, wir würden ein Floß bauen und ein halbes Jahr gemeinsam darauf leben! Was würde dann aus uns werden? Plötzlich würden wir wieder erkennen, wie wichtig es ist, einen Nachbarn zu haben. Ich würde wissen, daß ich dich brauche, weil du heute vielleicht die Fische fangen wirst, die wir gemeinsam essen werden. Vielleicht brauche ich dich aber auch, weil ich mich mit dir zusammensetzen und sprechen kann, wenn ich einsam bin, um durch dich eine andere Welt kennen und verstehen zu lernen. Wenn der Regen vorüber ist, leben die einzelnen Familien wieder als selbständige Gemeinschaften.

Ich wollte diesen Menschen bei ihrem Umzug helfen und versuchte, mich ihnen durch Zeichensprache verständlich zu machen. Aber sie hatten kaum etwas mitzunehmen; wenige Küchengeräte, ein paar Matten und Kleider. Ich dachte: »Was würdest du tun, wenn morgen der Monsun über Los Angeles hereinbräche? Was würdest du retten? Dein Fernsehgerät? Dein Automobil? Die Vase, die dir Tante Catherine aus Rom mitgebracht hat?« Denken Sie einmal darüber nach. Während des Brandes in Los Angeles sind wir in dramatischer Weise vor die gleiche Frage gestellt worden. In der *Los Angeles Times* erschienen ein paar Fotos, die mich erschüttert haben. Eines zeigte eine Frau, die eine Straße in Malibu mit einem Packen Bücher im Arm entlanglief, und im Hintergrund sah man ihr Haus in Flammen stehen. Ich dachte: »Donnerwetter, ich wüßte gern, was das für Bücher sind, die sie für so wertvoll hält.« Ich zeigte das Foto einer Gruppe von Studenten, die ihre ersten Prüfungen mit Auszeichnung bestanden hatten, und fragte: »Was glauben Sie, was das für Bücher waren?« Wissen Sie, was sie sagten? »Ihre Einkommensteuererklärungen.« Soweit sind wir hier in den Vereinigten Staaten schon gekommen. Ich habe sogar von einer Frau gehört, die nur ihre blauen Steuermarken gerettet hat! Später sagte sie: »Ich weiß nicht, warum ich es getan habe.« Das zeigt uns, wie unsinnig das alles ist. Aber wissen Sie, was diese Frau wirklich gerettet hat? Sich selbst! Und darum geht es. Am Schluß hast du nur dich selbst.

Und dann glaube ich, daß ein Mensch, der wirklich liebt, sich von allen Etiketten befreit. Wir sind im Grunde wirklich wunderbare Lebewesen. Ein Mensch zu sein ist das Herrlichste, was es auf der ganzen Welt gibt. Wir sind aber auch komisch und müssen wieder lernen zu lachen. Schließlich tun wir die komischsten Dinge. Wir haben zum Beispiel die Zeit erfunden und wurden dann zu Sklaven der Zeit. Vielleicht haben Sie gerade jetzt im Unterbewußtsein das Gefühl, in zehn Minuten dies oder jenes tun zu müssen. Vielleicht sind Sie irgendwo Zeuge eines unerhörten Ereignisses, aber es ist 10.07 Uhr, Zeit zu gehen, und deshalb müssen Sie aufbrechen. Es gibt Glocken, die läuten. Glocken und Klingeln! Immer, wenn wir eine Glocke oder Klingel hören, reagieren wir darauf. Sie sagt uns, wir müßten hier oder dort sein. Wir haben die Zeit erschaffen, und jetzt sind wir zu Sklaven der Zeit geworden.

Das gleiche gilt für Worte, die wir gebrauchen. Wenn wir Bücher wie *The Use and Misuse of Language*[1] von Hayakawa oder *People in Quandaries*[2] von Wendell Johnson lesen, dann sehen wir, welch ungeheure Macht in der Sprache liegt. Ein Wort besteht nur aus wenigen aneinandergereihten, bedeutungslosen phonetischen Symbolen. Du gibst ihm eine Bedeutung, und dann kommst du nicht mehr davon los. Du gibst dem Wort eine inhaltliche und eine emotionale Bedeutung, und dann lebst du damit. Dr. Timothy Leary hat in Harvard für die Erforschung des menschlichen Bewußtseins phantastische Arbeit geleistet. Er sagt: »Wörter sind das Einfrieren der Realität.« Wenn du ein Wort lernst und die intellektuelle und emotionale Bedeutung dieses Wortes begriffen hast, dann bleibt dir dieses Wort bis an dein Lebensende. Auf diese Weise entsteht deine aus Worten aufgebaute Welt. Alles, was geschieht, wird durch dieses starre, eingefrorene System gefiltert, und das behindert un-

[1] In wörtlicher Übersetzung: Der Gebrauch und Mißbrauch von Sprache.
[2] In wörtlicher Übersetzung: Menschen im Dilemma.

ser Wachstum. Wir sagen zum Beispiel: »Er ist ein Kommunist.« Damit ist er für uns erledigt. Wir hören ihm nicht mehr zu. Es gibt Leute, die sagen: »Er ist Jude.« Damit existiert er nicht mehr für diese Menschen. Sie versagen ihm ihren Respekt. »Er ist ein Dago.«[1] Erledigt! Etikette, Etikette, lauter Etikette! Wie viele Kinder gibt es, die keine richtige Ausbildung haben, weil man ihnen irgendwann irgendein Etikett angehängt hat? Man hat sie als unbegabt, als dumm oder emotional gestört abgestempelt. Ich habe noch nie ein dummes Kind kennengelernt. Niemals! Ich kenne einfach nur Kinder, und es gibt keine zwei, die einander völlig gleichen. Etikette reißen Gräben auf; sie bewirken, daß wir uns voneinander distanzieren. Ein Schwarzer. Was ist ein Schwarzer? Keiner gleicht dem anderen. Kann er lieben? Hat er eine Beziehung zu seinen Mitmenschen? Hat er Kinder? Kann er weinen? Ist er einsam? Ist er schön? Ist er glücklich? Hat er irgend jemandem etwas zu geben? Das sind die wichtigen Dinge und nicht die Tatsache, daß er ein Schwarzer, ein Jude, ein Dago, ein Kommunist, ein Demokrat oder ein Republikaner ist.

In meiner Kindheit habe ich eine ganz außergewöhnliche Erfahrung gemacht. Was ich Ihnen erzählen werde, können Sie in amtlichen Aufzeichnungen nachlesen. Ich wurde in Los Angeles geboren, und meine Eltern waren italienische Einwanderer. Wir waren eine große Familie. Mama und Papa verstanden offensichtlich viel von der Liebe! Sie stammten aus einem kleinen Dorf am Fuß der italienisch-schweizerischen Alpen, in dem jeder jeden kannte. Jeder kannte sogar die Namen aller Hunde im Dorf, und der Priester tanzte, wenn ein Fest gefeiert wurde, mit den Bewohnern auf der Straße und betrank sich wie alle anderen. Es war der schönste Ort auf der ganzen Welt und eine Freude, von diesen Leuten auf so altmodische Art großgezogen zu werden. Als ich jedoch [in den USA] im Alter von fünf Jahren eingeschult und vorher von einer sehr amtlich aussehenden Persönlichkeit geprüft wurde, steckte man mich in eine Klasse für geistig behinderte Kinder. Es zählte nicht, daß ich Italie-

[1] Im Amerikanischen: verächtlich für Italiener, Spanier, Portugiesen.

25

nisch und einen italienischen Dialekt sprechen konnte. Ich sprach auch etwas Französisch und Spanisch, aber mein Englisch war nicht allzu gut, und deshalb galt ich als geistig behindert. Ich glaube, heute sagt man »kulturell benachteiligt«. Ich kam also in die Klasse für geistig behinderte Kinder und habe dort den aufregendsten Unterricht meines ganzen Lebens genossen. Was hatten wir für eine warmherzige, liebevolle und teilnahmsvolle Lehrerin! Sie hieß Miss Hunt, und sie war mit Sicherheit die einzige, die sich bereit erklärt hat, diese »dummen« Kinder zu unterrichten. Sie zeichnete sich durch eine besondere Körperfülle aus. Sie mochte mich, auch wenn ich nach Knoblauch roch. Wenn sie sich über mich beugte, fühlte ich mich richtig geborgen. Ich strengte mich mächtig an; denn ich liebte diese Frau. Aber eines Tages beging ich einen großen Fehler. Ich schrieb einen Aufsatz, in dem ich so tat, als sei ich ein Römer; ich schilderte darin, wie die Gladiatoren in der Arena auftreten usw. Daraufhin wurde ich sofort noch einmal geprüft und in die normale Klasse versetzt; damit fing die Langeweile an, unter der ich für den Rest meiner Schulzeit zu leiden hatte.

Das war eine traumatische Zeit für mich. Die anderen bezeichneten mich als »Dago« und »Wop«, das waren damals beliebte Ausdrücke. Ich konnte das nicht verstehen. Ich fragte meinen Vater, einen stattlichen, patriarchalischen Mann: »Was ist ein Dago? Was ist ein Wop?« Und er sagte: »Mach dir nichts draus, Felice, die Leute erfinden immer solche Namen. Das bedeutet gar nichts. Wenn sie dich so nennen, haben sie keine Ahnung, wer du bist. Laß dich dadurch nicht beunruhigen.« Aber es beunruhigte mich doch; denn auf diese Weise entstand zwischen mir und den anderen eine Kluft. Ich wurde mit einem Etikett versehen und mußte abseits stehen. Es tat mir auch leid, weil es mir zeigte, daß diese Leute nichts von mir wußten, obwohl sie mich als »Dago« einer bestimmten Art von Menschen zugeordnet hatten. Ich gehörte in eine gewisse Kategorie. Das war für die anderen sehr bequem. Sie wußten zum Beispiel nicht, daß meine Mutter eine Sängerin und mein Vater Kellner war, als er in dieses Land kam. Er arbeitete bis spät in die

Nacht, und Mama fühlte sich ein wenig einsam. Deshalb versammelte sie uns Kinder um sich – alle elf –, und wir führten *Aida* oder *La Boheme* auf. Wie haben wir uns um die Rollen gestritten! Ich weiß noch, ich war die beste Butterfly in der Familie. Ich bin es noch, und wenn die Metropolitan Opera mich entdeckt, dann wird die Aufführung mit mir alles andere in den Schatten stellen. Im Alter von zehn oder elf Jahren konnten wir diese Opern auswendig, und jeder von uns konnte jede einzelne Rolle übernehmen. Leider konnten jene anderen Leute uns niemals hören, weil sie uns mit diesem engstirnigen Etikett abgestempelt hatten.

Sie wußten zum Beispiel auch nicht, daß Mama glaubte, man sei gegen jede Krankheit geschützt, wenn man sich ein nach Knoblauch riechendes Taschentuch um den Hals bindet. Das tat sie und schickte uns damit in die Schule. Und ich werde Ihnen ein kleines Geheimnis verraten: Ich bin niemals krank gewesen, nicht einen einzigen Tag. Ich habe eine Erklärung dafür: Ich glaube, niemand ist nahe genug an mich herangekommen, um seine Bazillen auf mich zu übertragen. Jetzt, da ich ein feiner Mann geworden bin und mich nicht mehr mit Knoblauch parfümiere, bekomme ich jedes Jahr meine Erkältung. Aber davon hatten die anderen keine Ahnung, und es nützte ihnen auch nichts, daß sie mich »Wop« und »Dago« nannten. Sie kannten auch nicht Papas Gewohnheit, uns vor dem Ende jeder Mahlzeit zu fragen, was wir an diesem Tag Neues gelernt hätten. Wir fanden das schrecklich – eine ganz verrückte Idee! Während meine Schwestern und ich uns die Hände wuschen und um die Seife stritten, sagte ich: »Jetzt müssen wir aber schnell noch etwas lernen.« Dann rannten wir zum Bücherregal, holten das Konversationslexikon heraus und lasen etwa: »Der Iran hat eine Einwohnerzahl von einer Million...« Und bevor wir zu Tisch gingen, murmelten wir, »der Iran hat eine Einwohnerzahl...« Dann setzten wir uns, und nachdem wir Riesenberge Spaghetti und Kalbfleisch vertilgt hatten, lehnte sich Papa zurück, steckte seine kleine schwarze Zigarre an und sagte: »Felice, was hast du heute Neues gelernt?« Und ich leierte herunter, was ich im Lexikon gelesen hatte: »Der Iran hat eine Einwohnerzahl von ...« Für diesen Mann hatte alles seine Bedeutung. Er wendete sich meiner Mutter zu und sagte: »Rosa, hast du das gewußt?« Sie war tief beeindruckt und sagte: »Nein.« Wir dachten im stillen, die Eltern seien tatsächlich verrückt. Aber ich will Ihnen ein Geheimnis verraten. Wenn ich am Abend zu Bett gehe – und oft bin ich wirklich sehr erschöpft –, dann lege ich mich auch heute noch im Bett zurück und frage mich: »Felice, alter Junge, was hast du heute Neues gelernt?« Und wenn mir nichts einfällt, dann muß ich an den Bücherschrank gehen, ein Buch herausnehmen und so lange darin herumblättern, bis ich etwas gefunden habe. Vorher kann ich nicht einschlafen. Vielleicht ist das das Entscheidende am Lernen. Aber diejenigen, die mich »Dago« nannten, wußten das nicht. Wenn wir uns mit Etiketten abstempeln, dann distanzieren wir uns von unseren Mitmenschen. Tun Sie das nicht! Und wenn andere Menschen es tun, haben Sie den Mut zu sagen: »Über was und über wen redest du? Mir ist dieser Begriff fremd.« Wenn jeder einzelne auf diese Etikette verzichtet, dann wird dieser ganze Schwindel aufhören. Kein Wort ist umfassend genug, um einen auch noch so simplen Menschen zu beschreiben. Aber nur Sie können dieser Unsitte Einhalt gebieten. Ein liebender Mensch wird so etwas niemals dulden. Jedes einzelne menschliche Wesen besitzt so viel Schönes, daß wir niemanden mit einer verallgemeinernden Bezeichnung abstempeln dürfen, um ihn dann beiseite zu stellen.

Der liebende Mensch muß auch jemand sein, der bereit ist, Verantwortung zu tragen. Es gibt keine größere Verantwortung in der Welt als die, ein menschliches Wesen zu sein. Das sollten Sie mir glauben.

Der liebende Mensch verabscheut jede Verschwendung – Zeitverschwendung und die Verschwendung menschlichen Potentials. Wieviel Zeit verschwenden wir doch! Wir tun so, als würden wir ewig leben. Ich muß Ihnen die folgende Geschichte erzählen, denn sie beschreibt eine meiner bedeutendsten Erfahrungen. Wir hatten an unserem Lehrerseminar eine junge Dame, von der ich glaubte, sie habe das Zeug, einmal eine der besten Lehrerinnen der Welt zu werden. Sie war unerhört begeisterungsfähig, und sie liebte Kinder. Sie war so enthusiastisch, daß sie nicht zu bremsen war. Und sie konnte es nicht abwarten, endlich mit den Kindern zu arbeiten. Sie absolvierte ihr Studium, bestand das Examen und bekam natürlich sofort eine Anstellung, weil sie so schön war – spirituell, geistig und in jeder anderen Beziehung. Sie bekam eine erste Klasse. Ich erinnere mich genau an den ganzen Verlauf dieser Geschichte, weil ich sie auf jedem Schritt begleitet habe, den sie so voller Begeisterung und Aufgeschlossenheit getan hat.

Als sie in ihre Klasse kam, sah sie sich den Lehrplan an, und dort hieß es – Sie wissen, das ist immer noch so –, der erste Unterrichtsgegenstand sei »der Kaufladen«. Sie las es noch einmal und sagte: »Das ist doch nicht möglich. Wir leben in den Vereinigten Staaten und schreiben das Jahr 1970. Diese Kinder sind in Supermärkten aufgewachsen. Sie sind in Einkaufswagen darin herumgefahren worden. Sie haben die aufgestapelten Konservenbüchsen umgeworfen und die Milch verschüttet. Sie wissen, was ein Supermarkt ist. Welchen Sinn hat es, ihnen etwas über dieses Thema zu sagen?« Aber da stand es im Lehrplan, und deshalb dachte sie: »Nun, vielleicht ist es doch nicht ganz so sinnlos, und es gelingt mir, die Sache interessant zu machen. Ich werde es versuchen.« An diesem ersten Tag setzte sie sich mit den Kindern auf den Fußboden und fing ganz begeistert an: »Jungen und Mädchen, wie wäre es, wenn wir etwas über den Supermarkt lernen?« Und die Kinder sagten: »Schrecklich!«

Kinder sind heute nicht mehr so dumm wie früher. McLuhan hat festgestellt, daß die meisten Kinder schon 5000 Stunden vor dem Fernsehgerät gesessen haben, bevor sie in den Kindergarten kommen. Sie haben Morde und Vergewaltigungen gesehen, man hat ihnen Liebesaffären gezeigt, sie haben Musik gehört und sind in Paris und Rom gewesen. Sie haben auf dem Fernsehschirm miterlebt, wie Menschen eines gewaltsamen Todes sterben. Und dann bringen wir sie in die Schule und wollen ihnen etwas über Kaufläden erzählen. Oder wir geben ihnen eine Fibel, in der es heißt: »Tom sagte oh, oh. Mary sagte oh, oh. Großmama sagte oh, oh. Spot sagte oh, oh.« Zum Teufel mit Spot! Es wird Zeit, daß wir begreifen, daß wir *Kinder* und nicht Gegenstände unterrichten. Wir müssen uns fragen: »Wer ist dieses neue Kind, das wir unterrichten, und welches sind seine Bedürfnisse?« Wie soll es sonst überleben?«

Und deshalb sagte dieses junge Mädchen, das eine wirkliche Lehrerin war: »Okay, was wollt Ihr lernen?« Einer der kleinen Jungen sah sie mit großen Augen an und sagte: »Wissen Sie, mein Vater arbeitet in einem Laboratorium für Düsenantrieb, und er kann uns eine Rakete besorgen, wir könnten sie aufstellen, lernen, wie sie funktioniert, und damit zum Mond fliegen!« Und alle Kinder riefen: »Toll! Das wäre großartig.« Und die Lehrerin sagte: »Okay, das werden wir tun.« Am folgenden Tag kam der Vater in die Schule und brachte ein Raketenmodell mit. Er setzte sich mit den Kindern auf den Fußboden und erzählte ihnen, wie die Astronauten zum Mond fliegen und wie eine Mondrakete funktioniert. Sie hätten erleben sollen, was an diesem Tag in der Klasse los war. Die Kinder sprachen über wissenschaftliche astronomische Fragen und komplexe mathematische Theorien. Ihr Vokabular bestand nicht aus »oh, oh«, sondern aus den Bezeichnungen für die Teile einer Rakete, für Milchstraßensysteme und Begriffe der Raumfahrt. Es war ein Vokabular, das etwas für sie bedeutete.

Aber eines Tages platzte die Schulrätin in diesen phantastischen Unterricht hinein. Sie sah sich um und sagte: »Mrs. W., wo ist Ihr Kaufladen?« Eines Tages werde ich diese Geschichte für [die Zeitschrift] *The New Yorker* schreiben, und die Überschrift wird heißen, »Mrs. W., wo ist Ihr Kaufladen?« Die junge Lehrerin nahm die Schulrätin beiseite und sagte: »Wissen Sie, wir haben schon über den Kaufladen gesprochen, aber die Kinder wollten zum Mond fliegen. Sehen Sie sich doch das Wörterverzeichnis an, das wir angefertigt haben, und prüfen Sie die schriftlichen Arbeiten der Kinder. Demnächst kommt ein Mann vom Raumfahrtlaboratorium zu uns und wird den Kindern einiges demonstrieren.« Aber die Schulrätin sagte: »Trotzdem, Mrs. W., der Lehrplan sagt, Sie sollen über den Kaufladen unterrichten, *und das werden Sie auch tun*« – (ein verkrampftes Lächeln) – »nicht wahr, meine Liebe?«

Die junge Lehrerin kam zu mir und sagte: »Was haben Sie mir die ganze Zeit über die Kreativität im Unterricht erzählt? Ich war so begeistert, und dann fange ich an zu unterrichten und muß mit den Kindern kleine Bananen aus Ton kneten!« Du hast schon eine Banane gegessen, du bist auf einer Bananenschale ausgerutscht, dir ist von Bananen schlecht geworden – und dann mußt du dich sechs Wochen lang im Unterricht damit beschäftigen, kleine Bananen aus Ton für den Laden zu kneten. Welche Zeitverschwendung! Und wissen Sie, was die Lehrerin getan hat? Sie setzte sich mit den Kindern zusammen und sagte: »Kinder, wollt Ihr, daß Mrs. W. im nächsten Jahr auch noch hier ist?« Und die Kinder sagten: »Ja klar!« – »Nun, dann müssen wir uns mit dem Kaufladen beschäftigen.« Und die Kinder sagten: »Okay, dann werden wir es tun, aber möglichst schnell!« In zwei Tagen nahmen sie das ganze für sechs Wochen vorgesehene Programm durch. Sie kneteten die verdammten Bananen aus Ton, stellten die Konservendosen auf und füllten sie mit allem, was verlangt wurde. Und die Lehrerin sagte ihnen, wenn die Schulrätin käme, müsse man ihr zeigen, daß die Kinder wüßten, wie man sich in einem Laden benimmt. Und die Schulrätin war sehr froh; denn die Kinder hatten ihren Laden eingerichtet und fragten sie: »Möchten Sie heute vielleicht ein paar Bananen kaufen?« Aber sobald sie das Klassenzimmer verlassen hatte, flogen sie zum Mond! Heuchelei und Zeitverschwendung!

Es genügt nicht, nur für das Heute zu leben und zu lernen. Wir müssen davon träumen, wie die Welt in 50 Jahren aussehen wird, und unsere Kinder für die nächsten 100 Jahre und für eine in Träumen erschaffene Welt erziehen, in der die Menschen in 1000 Jahren leben werden. Die Welt, in der die Erstkläßler heute leben, wird nicht die gleiche sein, in der sie sich nach 30 Jahren zurechtfinden müssen. Denken Sie doch nur daran, wie sich *unsere* Welt verändert hat. So ist es kein Wunder, daß wir verwirrt, kritisch und ängstlich sind. Wir waren nicht darauf vorbereitet, mit den Anforderungen fertig zu werden, welche die heutige Welt an uns stellt. Und die Entwicklung geht in einem rasenden Tempo voran! Sätze wie

»Großmama sagt oh, oh«, haben für unsere Kinder keine Bedeutung mehr.

Ich glaube auch, daß sich der liebende Mensch durch seine Spontaneität auszeichnet. Das erscheint mir ganz besonders wichtig, weil ich glaube, daß wir alle unsere Fähigkeit verloren haben, spontan zu sein. Wir nehmen zu oft eine abwartende Haltung ein und fügen uns einer bestimmten Ordnung. Wir haben vergessen, wie es ist, herzlich zu lachen und sich dabei wohl zu fühlen. Man sagt uns, eine junge Dame dürfe nicht ausgelassen lachen. Die feine Dame kichert nur. Wer hat das gesagt? Die Kolumnistin Emily Post? Sie muß krank sein! Warum sollen wir uns von irgend jemandem vorschreiben lassen, wie wir uns zu verhalten haben? Und doch können wir täglich solche Leserbriefe in den Zeitungen finden: »Liebe Miss Post, meine Tochter wird im Februar heiraten. Welche Blumen eignen sich am besten für den Hochzeitsstrauß?« Wenn deine Tochter einen Brautstrauß aus Radieschen haben will, dann gib ihr Radieschen! »Lieber Innenarchitekt, ich habe braunrote Vorhänge in meinem Wohnzimmer. Welche Farbe sollte der Teppich haben?« Ich kann mir diesen jungen Mann in seinem Büro sehr gut vorstellen, der das liest und sagt: »He, he, he«, und dann antwortet: »purpurfarben.« Also kaufst du dir für viele tausend Dollar purpurfarbene Teppiche zu den braunroten Vorhängen und mußt in dieser Farbkombination leben – und hast es auch verdient! Wir trauen nicht mehr unseren eigenen Gefühlen. Männer weinen nicht. Wer hat das gesagt? Wenn du weinen willst, dann weine! Ich weine ständig. Ich weine, wenn ich glücklich bin, ich weine, wenn ich traurig bin, ich weine, wenn einer meiner Studenten etwas Schönes sagt, und ich weine, wenn ich ein schönes Gedicht lese.

Wenn du etwas fühlst, laß die Leute wissen, daß du es fühlst. Kannst du denn diese ausdruckslosen, stoischen Gesichter noch ertragen, die keine Gefühlsregung zeigen? Wenn dir zum Lachen ist, lache! Wenn dir gefällt, was irgend jemand sagt, stehe auf und umarme ihn! Er wird das schon richtig verstehen. Laß uns wieder spontan reagieren, laß uns leben und wieder erfahren, wie es ist, wenn einem ein Schauer den Rücken hinunterläuft. Manchmal stehe ich am Morgen auf und fühle mich so frei und glücklich, daß ich es kaum aushalten kann. Ich muß gerade daran denken, wie ich eines Tages mit dem Auto zur Arbeit fuhr und dabei das Liebesduett aus *Butterfly* sang, beide Rollen. Es war die beste Aufführung, die ich je gegeben habe. Ich wurde von einer Polizeistreife angehalten, und ein Polizist schaute mit breitem Grinsen in mein Wagenfenster herein. Er sagte: »Das wird das komischste Ticket, das ich je ausgeteilt habe.« Ich erwiderte: »Wieso das, Officer?« Er sagte: »Ich war gerade dabei, einen Wagen zu verfolgen, der zu schnell fuhr, und dabei haben Sie uns beide überholt.« Das gefiel mir. Ich hatte den Streifenwagen gar nicht gesehen. Ich befand mich in meiner eigenen wunderschönen Welt.

Ständig entfernen wir uns von uns selbst und von den anderen. Es kommt mir so vor, als wollten wir uns nach Möglichkeit von unseren Mitmenschen distanzieren und ihnen nur nicht zu nahe kommen. Aber ich bin dafür, wieder altmodisch zu werden und die Menschen wieder anzufassen. Ich strecke immer wieder die Hand aus; denn wenn ich jemanden berühre, dann weiß ich, daß ich es mit einem lebendigen Wesen zu tun habe. Wir brauchen diese Bestätigung. Die Existenzialisten sagen, wir alle glaubten, wir seien unsichtbar, und manchmal müßten wir eigentlich Selbstmord begehen, um uns zu bestätigen, daß wir überhaupt gelebt haben. Nun, das werde ich nicht tun. Es gibt bessere und weniger drastische Methoden, sich das bewußtzumachen. Wenn dich jemand in die Arme nimmt, dann weißt du, daß du da bist; denn sonst würde der andere ja in die Luft greifen. Ich umarme jeden, der mir begegnet. Kommen Sie nur in meine Nähe! Dann müssen Sie damit rechnen, in die Arme genommen oder zumindest berührt zu werden.

Wir dürfen uns nicht davor fürchten, andere zu berühren, etwas zu fühlen und unsere Emotionen zu zeigen. Wirklich zu sein, was du bist und was du fühlst, ist das Allereinfachste. Am schwierigsten ist es, das zu sein, was man nach der Meinung der anderen sein sollte, aber so sieht die Welt aus, in der wir leben. Bist du wirklich das, was du bist, oder nur das, was die Menschen dir eingeredet haben? Und willst du wirklich wissen, wer du bist? Wenn du dich darum bemühst, es zu erfahren, dann wird der Weg dorthin zur schönsten Entdeckungsreise deines Lebens werden.

Und der liebende Mensch ist auch jemand, der weiß, welches Wunder und welche Freude es bedeutet, am Leben zu sein. Ich bin davon überzeugt, daß wir im Gegensatz zu dem, was uns die Medien sagen, dazu bestimmt sind, glücklich zu sein, weil es so viele schöne Dinge in unserer Welt gibt – Bäume und Vögel und Gesichter. Es gibt keine zwei Dinge, die einander völlig gleichen, und alle Dinge verändern sich ständig. Wie kann das Leben dann langweilig werden? Es hat noch niemals zwei gleiche Sonnenuntergänge gegeben. Schau dir die Gesichter der Menschen an! Jedes ist anders. Jeder Mensch hat seine eigene Schönheit. Es hat noch nie zwei Blumen gegeben, die einander vollkommen gleichen. Die Natur verabscheut jede Gleichheit. Jeder Grashalm ist anders. Die Buddhisten haben mich etwas Phantastisches gelehrt. Sie glauben an das Hier und das Jetzt. Sie sagen, die einzige Wirklichkeit ist das, was hier und in diesem Augenblick zwischen dir und mir geschieht. Wenn du für das Morgen lebst, das Heute nur ein Traum ist, dann beschäftigst du dich nur mit einem unwirklichen Traum. Und die Vergangenheit ist keine Wirklichkeit mehr. Sie hat einen gewissen Wert, weil sie aus dir das gemacht hat, was du heute bist, aber das ist ihr einziger Wert. Lebe deshalb nicht in der Vergangenheit. Lebe jetzt! Wenn du ißt, dann iß. Wenn du liebst, liebe. Wenn du mit jemandem sprichst, dann rede. Wenn du eine Blume betrachtest, dann betrachte sie. Genieße die Schönheit des Augenblicks!

Der liebende Mensch muß nicht vollkommen sein, sondern nur menschlich. Die Vorstellung von der Vollkommenheit erschreckt mich. Wir wagen kaum noch etwas zu tun, weil wir uns davor fürchten, Fehler zu machen. Maslow sagt, es gebe wunderbare Gipfelerlebnisse, die wir alle machen sollten wie etwa die Herstellung eines Keramikgefäßes oder das Malen eines Bildes. Wenn wir diese Dinge dann betrachten, können wir sagen: »Das ist eine Erweiterung von mir selbst.« Die Existenzialisten sagen auch: »Ich muß existieren, weil ich etwas getan habe. Ich habe etwas geschaffen, und daher bin ich.« Und doch tun wir es nicht, weil wir fürchten, es werde nicht gut sein und den Ansprüchen anderer nicht genügen. Wenn du glaubst, die Wand mit Tinte beschmieren zu müssen, tue es! Sage: »Das stammt von mir, es ist meine Schöpfung, ich habe es getan, und es ist gut.« Aber wir scheuen uns davor, weil wir Perfektionisten sind. Und auch unsere Kinder sollen vollkommen sein.

Ich erinnere mich noch an die Erfahrung, die ich als Schüler im Sportunterricht gemacht habe. Sollte ein Sportlehrer dieses Buch zur Hand nehmen, dann hoffe ich, daß er das Folgende ganz aufmerksam durchliest. Auch hier erlebte ich diesen Perfektionismus. Beim Sportunterricht sollte aber jeder die gleiche Chance haben, und jeder einzelne sollte nur mit sich selbst in Konkurrenz treten. Wenn es dir schwerfällt, einen Ball zu werfen, dann lernst du eben, ihn so gut zu werfen, wie es dir möglich ist. Aber so war dieser Sportunterricht nicht. Man verlangte stets Vollkommenheit. Da standen nun diese großen, muskulösen Burschen. Sie waren die Stars. Und daneben stand ich, der kleine magere Junge mit dem Knoblauchsäckchen um den Hals und den viel zu großen Shorts, die um meine dürren Beine schlenkerten. Ich stand da und wartete darauf, von einem der Mannschaftsführer in seine Mannschaft gewählt zu werden, und jedesmal starb ich fast vor Scham. Auch Sie können sich sicher noch an so etwas erinnern! Wir standen alle in einer Reihe, und diese Athleten bauten sich mit geschwellter Brust vor uns auf und sagten: »Ich wähle dich« und »ich wähle dich«, und die Reihe wurde immer kürzer, aber du standest immer noch da. Schließlich waren nur noch zwei Jungen übrig, ein anderer kleiner magerer Bursche und du. Und dann hieß es: »Okay, ich nehme Buscaglia« oder »ich nehme den Wop«, und du gingst zu der Mannschaft hinüber und schämtest dich fast zu Tode, weil du nicht der Inbegriff des Athleten warst und nicht den hier geltenden Vorstellungen von der Vollkommenheit entsprachst. Einer meiner Studenten ist ein ausgezeichneter Turner. Voriges Jahr wäre er fast in die Olympiamannschaft aufgenommen worden. Er hat einen Klumpfuß. In jeder anderen Beziehung hat er einen idealen Körperbau, um den ihn jeder beneiden würde. Er ist hochbegabt, hat schönes glänzendes Haar und leuchtende, wache Augen. Aber er selbst hält sich nicht für schön, weil er einen Klumpfuß hat. Irgendwo und irgendwann hat man ihm das eingeredet, und wenn er die Straße entlanggeht, dann hört er nur das Auftreten seines Klumpfußes, auch wenn sonst niemand mehr davon Notiz nimmt. Aber wenn *er* sich dessen bewußt ist, identifiziert er sich damit. Diese Vorstellung von Perfektionismus kann ich wirklich nicht ertragen.

Aber der Mensch kann immer wachsen und sich verändern, und wer das nicht glaubt, ist schon so gut wie tot. Jeden Tag solltest du die Welt in einem neuen persönlichen Licht sehen. Der Baum vor deinem Haus ist nicht mehr der gleiche wie gestern, deshalb *sieh ihn dir an!* Dein Mann, deine Frau, dein Kind, deine Mutter, dein Vater, sie alle verändern sich täglich; also *sieh sie an!* Die ganze Welt verändert sich ständig und du mit ihr. Neulich war ich mit einigen meiner Studenten am Strand, und einer von ihnen fand einen alten vertrockneten Seestern. Er legte ihn behutsam ins Wasser und sagte: »Oh, er ist nur vertrocknet, aber im Wasser wird er wieder lebendig werden.« Dann überlegte er einen Augenblick, wendete sich mir zu und sagte: »Wissen Sie, vielleicht liegt darin das ganze Geheimnis des Werdens. Vielleicht trocknen wir von Zeit zu Zeit aus und brauchen nur ein wenig mehr Feuchtigkeit, um von neuem lebendig zu werden.« Das könnte des Rätsels Lösung sein.

Eine Investition in das Leben ist in der Tat eine Investition in die unaufhörliche Veränderung, und wir haben keine Zeit, uns um das Sterben zu kümmern, weil wir zu sehr mit dem Leben beschäftigt sind. Überlaßt das Sterben sich selbst. Und glaube ja nicht, daß dein Leben jemals friedlich verlaufen wird. So ist das Leben nicht. Während sich um dich herum alles ständig verändert, mußt du dich diesen Veränderungen anpassen, und das bedeutet, daß aus dir immer wieder etwas Neues wird und daß dieser Vorgang niemals zum Stillstand kommt. Wir alle befinden uns auf einer phantastischen Reise! Jeder Tag ist neu. Jede Erfahrung ist neu. Jeder Mensch, der uns begegnet, ist neu. Alles ist neu, jeder Morgen in deinem Leben. Höre auf, das Leben als eine Last anzusehen! In Japan ist das Ausgießen von Wasser eine Zeremonie. Während der Teezeremonie saßen wir in einer kleinen Hütte zusammen, und unser Gastgeber nahm eine kleine Schöpfkelle, goß das Wasser in die Teekanne, und alle hörten dieses Geräusch. Das Geräusch des fließenden Wassers war fast überwältigend aufregend. Ich muß daran denken, wie viele Menschen täglich das Wasser im Badezimmer in die Wanne oder in das Waschbecken laufen lassen und es nie gehört haben. Wann hast du zum letzten Mal auf das Geräusch der fallenden Regentropfen gelauscht?

Herbert Otto sagt: »Wandel und Wachstum gibt es dort, wo ein Mensch seine eigene Existenz riskiert hat, wo er es wagt, mit seinem eigenen Leben zu experimentieren.« Ist das nicht phantastisch? Ein Mensch hat seine Existenz riskiert und es gewagt, mit seinem eigenen Leben zu experimentieren, weil er sich selbst vertraut. Das zu tun, mit seinem eigenen Leben zu experimentieren, ist sehr aufregend; es bringt uns Freude, es bringt uns Glück, es läßt uns Wunder erleben, es ist aber auch furchterregend. Es ängstigt dich, weil du dich der Ungewißheit, dem Unbekannten stellst und deine Selbstzufriedenheit erschütterst.

Nach meinem Gefühl ist das Gegenteil von Liebe nicht Haß – es ist die Teilnahmslosigkeit, die Gleichgültigkeit. Wenn mich jemand haßt, dann muß er mir irgendwelche »Gefühle« entgegenbringen, oder er könnte mich nicht hassen. Deshalb gibt es dann noch immer die Möglichkeit für mich, irgendwie an ihn heranzukommen. Wenn dir die Szene nicht gefällt, in der du dich bewegst, wenn du unglücklich oder einsam bist und wenn du glaubst, daß nichts mehr geschieht, verändere deine Szene. Male neue Kulissen. Umgib dich mit neuen Schauspielern. Schreibe eine neues Stück. Und wenn es kein gutes Stück ist, verlasse die Bühne und schreibe ein anderes. Es gibt Millionen von Stücken – so viele, wie es Menschen gibt. Nikos Kazantzakis sagt: »Du hast Pinsel und Farben; male dein Paradies und gehe hinein.«

Ein liebender Mensch erkennt Bedürfnisse. Er braucht Menschen, die sich für ihn interessieren, wenigstens einen, für den er etwas bedeutet, der ihn wirklich sieht und hört. Ja, er braucht vielleicht nur einen einzigen Menschen, der ihm von Herzen zugetan ist. Manchmal braucht man nur einen Finger, um einen Deich abzudichten.

Ich weiß nicht, wie viele von Ihnen das Theaterstück *Our Town*[1] gesehen haben. Zu einer der ergreifendsten Szenen kommt es, nachdem die kleine Emily gestorben ist. Sie wird auf dem Friedhof beigesetzt, und die Götter sagen ihr, sie dürfe für einen Tag in das Leben zurückkehren. Sie erklärt sich einverstanden und wünscht sich, ihren 12. Geburtstag noch einmal zu erleben. Im Festtagskleid kommt sie mit wehenden Locken die Treppe heruntergesprungen und freut sich, das Geburtstagskind zu sein. Aber ihre Mutter ist so sehr damit beschäftigt, den Geburtstagskuchen zu backen, daß sie keine Zeit hat, ihre Tochter anzusehen. Der Vater kommt herein, aber seine Gedanken sind bei seinen Büchern, seinen Papieren und beim Geldverdienen, so daß er an ihr vorübergeht, ohne sie wahrzunehmen. Ihr Bruder ist zu sehr mit sich selbst beschäftigt und macht sich auch nicht die Mühe, sie anzublicken. Schließlich steht Emily ganz allein mitten auf der Bühne in ihrem hübschen Festtagskleid und sagt: »Ach bitte, schaut mich doch an!« Sie geht zur Mutter und bittet sie: »Mama, sieh mich doch bitte nur einen einzigen Augenblick an!« Aber niemand kümmert sich um sie. Deshalb wendet sie sich wieder an die Götter, vielleicht erinnern Sie sich noch daran. Sie sagt zu ihnen: »Bringt mich wieder fort. Ich habe vergessen, wie schwer es war, ein menschliches Wesen zu sein. Keiner sieht den anderen an.«

Es wird Zeit, daß wir anfangen, einander zuzuhören. Wir verlangen danach, gehört zu werden. Auch im Schulunterricht mochte ich die Zeit für das »Mitteilen und Erzählen« sehr gerne. Da hören alle wirklich zu, dachte ich. Aber weil die Lehrer bestimmte Personallisten bis 9.05 Uhr abliefern mußten, nutzen sie die Zeit, die für das »Mitteilen und Erzählen« vorgesehen war, zum Schreiben dieser Listen. Die kleinen Grund-

---

[1] In wörtlicher Übersetzung: Unsere Stadt.

schüler standen dann auf und sagten z. B.: »Gestern abend hat mein Daddy meine Mama mit dem Nudelholz verprügelt und ihr zwei Vorderzähne ausgeschlagen. Und dann kam der Krankenwagen und brachte sie ins Krankenhaus.« Und die Lehrerin blickte kurz auf und sagte: »Gut, wer ist der nächste?« Oder ein anderes Kind stand auf und zeigte der Lehrerin einen Stein: »Heute habe ich auf dem Schulweg diesen Stein gefunden.« Und die Lehrerin: »Fein, Johnny, lege ihn dort auf den Tisch.« Aber was wäre wohl geschehen, wenn sie den Stein in die Hand genommen und gesagt hätte: »Zeige mir einmal den Stein. Seht ihn euch an, Kinder. Welche Farbe hat dieser Stein? Nehmt ihn in die Hand. Wer hat diesen Stein gemacht? Wie entsteht ein solcher Stein? Was ist ein Stein? Was für ein Stein ist es?« Ich könnte mir vorstellen, daß der Unterricht an diesem Tag ganz damit ausgefüllt wäre, etwas über diesen Stein zu lernen. Aber die Lehrerin sagte: »Lege ihn dort auf den Tisch.«

Der Mensch braucht das Gefühl, etwas geleistet zu haben. Wir alle brauchen das. Wir verlangen nach Anerkennung, wenn wir etwas gut gemacht haben. Irgend jemand sollte uns hin und wieder auf die Schulter klopfen und sagen: »Donnerwetter, das ist gut! Das gefällt mir.« Es wäre wunderbar, wenn wir den Menschen häufiger sagen könnten, was richtig war, anstatt sie immer wieder auf ihre Fehler hinzuweisen.

Und dann braucht der liebende Mensch auch Freiheit, um zu lernen, sich zu verändern und zu wachsen. Thoreau hat etwas Schönes gesagt: »Vögel in Käfigen singen nicht.« Das gleiche gilt für den Menschen. Du mußt frei sein, um lernen zu können. Du brauchst das Interesse anderer Menschen für deinen Baum, nicht für den Baum, der aussieht wie ein Lutscher; und du mußt dich auch für die Bäume der anderen interessieren. »Zeige mir deinen Baum. Zeige mir, wer du bist, und dann werde ich wissen, wo ich anfangen kann.« Aber Vögel singen nicht in Käfigen. Um *schöpferisch zu sein,* brauchen wir die Freiheit.

Ich habe neulich ein unglaubliches Erlebnis gehabt. Ich hielt vor einer Gruppe begabter junger Menschen in einem Schulbezirk in Kalifornien einen Vortrag. Ich versuchte, sie in der für mich typischen Art für meine Ideen zu begeistern, und sie hingen förmlich an meinen Lippen – die Schwingungen, die zwischen uns entstanden, waren unglaublich stark. Anschließend lud mich das Lehrerkollegium zum Essen ein. Als ich am Nachmittag zurückkam, erzählten mir die Schüler: »Oh, Dr. Buscaglia, es ist etwas Schreckliches passiert. Erinnern Sie sich noch an den Jungen, der in der ersten Reihe unmittelbar vor Ihnen saß?« Und ich sagte: »O ja, ich werde ihn nie vergessen, er hat mir so aufmerksam zugehört.« – »Stellen Sie sich vor, er darf zwei Wochen lang nicht mehr am Unterricht teilnehmen.« Ich fragte nach dem Grund. In meinem Vortrag hatte ich darüber gesprochen, daß man, wenn man etwas wirklich kennenlernen will, es mit allen Sinnen wahrnehmen muß: »Wenn du zum Beispiel genau wissen willst, was ein Baum ist, dann mußt du auf den Baum klettern, du mußt den Baum fühlen, auf seinen Ästen sitzen und hören, wie der Wind durch die Blätter weht. Erst dann kannst du sagen, ›ich kenne diesen Baum‹.« Und der Junge hatte gesagt: »Mann, das ist es. Darauf kommt es an.« Und während der Mittagspause hatte der Junge einen Baum gesehen und war hinaufgeklettert. Der stellvertretende Direktor war vorübergekommen, hatte ihn auf dem Baum gesehen, ihn heruntergeholt und für 14 Tage aus der Schule gewiesen.

Ich sagte: »Aber das muß doch ein Mißverständnis sein. Ich werde zum stellvertretenden Direktor gehen und mit ihm reden.« Ich weiß nicht warum, aber die meisten stellvertretenden Direktoren bei uns sind ehemalige Sportlehrer. Ich suchte diesen Muskelmann in seinem Büro auf und sagte: »Ich bin Dr. Buscaglia.« Er sah mich wütend an und sagte: »Also Sie sind der Mann, der in unsere Schule kommt und den Jungen sagt, sie sollten auf Bäume klettern. Das ist unerhört!« Ich erwiderte: »Nun, das haben Sie nicht richtig verstanden. Ich glaube, es handelt sich hier um ein kleines Miß...« Aber er schrie: »Das ist unerhört! Den Jungen zu sagen, sie sollten auf Bäume klettern! Wenn sie nun herunterfallen? Wir haben ohnedies genug Probleme!« Es war unmöglich, ein vernünftiges Wort mit ihm zu reden. Deshalb besuchte ich den Jungen, der jetzt zwei Wochen Zeit hatte, auf Bäume zu klettern, zu Hause und sprach mit ihm. Er sagte: »Ich glaube, ich habe daraus gelernt, wann ich auf einen Baum klettern darf und wann nicht. Wahrscheinlich habe ich einen Fehler gemacht. Meinen Sie nicht auch?« Es war ihm klar, daß er künftig die Anweisungen dieses mächtigen Mannes befolgen mußte – aber er klettert immer noch auf Bäume. Es besteht immer die Möglichkeit, den Anforderungen der Gesellschaft zu genügen und doch seinen eigenen Weg zu gehen. Man muß nur wissen, wie, wann und wo man es tun kann.

Jeder Mensch geht seinen eigenen Weg, und wir müssen ihm erlauben, es zu tun. Es gibt tausend verschiedene Möglichkeiten, die Liebe zu entdecken. Jeder findet den für ihn geeigneten Weg, wenn er auf sich selbst hört. Laß dir deinen Weg von niemandem vorschreiben. Es gibt ein wunderbares Buch mit dem Titel *Teachings According to Don Juan*[1] von dem Anthropologen Carlos Castaneda. Er beschreibt darin das Leben der Yaqui-Indianer, das er wissenschaftlich untersucht hat. Die Hauptperson ist ein Mann namens Don Juan, der sagt: »Jeder Weg ist nur einer von Millionen Wegen. Deshalb mußt du immer daran denken, daß ein Weg nur ein Weg ist. Wenn du glaubst, ihm jetzt folgen zu müssen, dann heißt das nicht, daß du diesen Weg niemals verlassen darfst. Jeder Weg ist nur ein Weg. Es schadet weder dir noch anderen, wenn du ihn verläßt, weil dein Herz es dir befiehlt. Aber bei deiner Entscheidung, auf dem Wege zu bleiben oder ihn zu verlassen, darfst du dich weder von Furcht noch von Ehrgeiz beeinflussen lassen. Ich warne dich: Sieh dir jeden Weg sehr genau und gewissenhaft an. Prüfe ihn so oft du es für notwendig hältst. Dann stelle dir und nur dir eine Frage. Und diese Frage lautet: Hat dieser Weg ein Herz? Alle Wege sind gleich. Sie führen nirgends hin. Die Wege gehen mitten durch das Dickicht, in das Dickicht hinein oder unter dem Dickicht hindurch. Es kommt einzig und allein darauf an, ob dieser Weg ein Herz hat. Wenn er es hat, dann ist der Weg gut. Wenn er es nicht hat, dann ist es der falsche Weg.« Wenn dein Weg die Liebe ist, dann kommt es nicht darauf an, wo er hinführt; das Fortschreiten auf diesem Weg hat ein Herz.

[1] Deutsche Ausgabe: Die Lehren des Don Juan. Fischer Taschenbuch, Frankfurt, 15. Aufl. 1983.

Nur auf dem für dich geeigneten Weg kannst du »wirklich« sein. Das allerschwerste ist, etwas zu leben, was du nicht bist. Auf deiner Wanderschaft mußt du dem, was du wirklich bist, immer näher und näher kommen. Du wirst feststellen, daß dir das am leichtesten fällt. Die allereinfachste Sache auf der Welt ist es, du selbst zu sein. Das schwierigste ist es, das zu sein, was die Menschen von dir erwarten. Laß dich von ihnen nicht in diese Lage bringen. Finde dein Selbst, stelle fest, wer du bist, und sei so, wie du bist. Dann kannst du ein ganz einfaches Leben führen. Dann steht dir alle Energie zur Verfügung, die du brauchst, um »die Gespenster zu verscheuchen«, wie Alpert das nennt. Du wirst dann keine Gespenster mehr verscheuchen müssen. Jage sie alle fort und sage: »Hier bin ich. Nehmt mich als das, was ich bin mit all meinen Schwächen, meiner Torheit usw. Und wenn du kannst, laß mich so sein, wie ich bin.«

Jetzt können wir anfangen, über die Liebe zu sprechen. Das soll nicht heißen, daß ich Ihnen einen bestimmten Weg weisen will. Ich möchte einige Gedanken mit Ihnen teilen. Suchen Sie sich das aus, was Ihnen gemäß ist. Zunächst eine kleine philosophische Einführung. Es ist ein Zitat aus dem Aufsatz eines Mannes namens Zinker vom Gestaltinstitut in Cleveland. Er hat die folgenden Sätze am Schluß eines Essays mit dem Titel *On Public Knowledge and Personal Revolution*[1] geschrieben. Da heißt es: »*Wenn der Mann auf der Straße nach seinem Selbst suchen wollte, welche Leitgedanken würden ihn beeinflussen und dazu führen, seine Lebensweise zu verändern? Er würde vielleicht entdecken, daß sein Gehirn noch nicht tot ist, daß sein Körper noch nicht ausgedörrt ist und daß er, gleichgültig wo er im Augenblick steht, immer noch der Gestalter seines eigenen Schicksals ist. Er kann sein Schicksal dadurch ändern, daß er diesen einen Entschluß, sich zu ändern, wirklich ernst nimmt, daß er gegen seine kleinlichen Widerstände und Ängste ankämpft, die sich jedem Wandel entgegenstellen, daß er seine eigene Gedankenwelt besser kennen und verstehen lernt, daß er ein Verhalten ausprobiert, das seinen wirklichen Bedürfnissen ent-*

---

[1] In wörtlicher Übersetzung: Über öffentliches Wissen und persönliche Revolution.

spricht, und daß er konkret etwas unternimmt, anstatt sich nur theoretische Vorstellungen zu machen« – (das halte ich für besonders wichtig – hören wir auf zu reden, und fangen wir an, etwas zu tun) –, *daß er wirklich so sieht, hört, berührt und fühlt, wie er es nie vorher mit seinen Sinnen getan hat, daß er mit seinen eigenen Händen etwas herstellt, ohne von sich zu verlangen, daß es vollkommen sei, daß er sich darüber klarwird, durch welches Verhalten er sich selbst im Wege steht, daß er auf die Worte achtet, die er im Umgang mit seiner Frau, seinen Kindern und seinen Freunden verwendet, daß er auf sich selbst hört, daß er denen, die mit ihm sprechen, in die Augen sieht und ihnen aufmerksam zuhört, daß er lernt, den Prozeß seiner eigenen kreativen Begegnungen und Erlebnisse zu respektieren, und daß er darauf vertraut, durch sie schnell und richtig geführt zu werden. Wir dürfen jedoch niemals vergessen, daß wir hart arbeiten und uns die Hände schmutzig machen müssen, wenn wir etwas verändern wollen. Um uns selbst weiterzuentwickeln, brauchen wir keine Rezepte und keine Bücher. Ich weiß nur das folgende: Ich existiere, ich bin, ich bin hier, ich entwickle mich, ich selbst gestalte mein Leben, und niemand kann es für mich gestalten. Ich muß mit meinen Mängeln, Fehlern und Fehlleistungen selbst fertig werden. Niemand kann unter meinem Versagen so leiden wie ich, aber morgen ist ein neuer Tag, und ich muß mich entschließen, mein Bett zu verlassen und das Leben von neuem anzupakken. Und wenn ich versage, kann ich mich nicht damit trösten, dir, dem Leben oder Gott die Schuld zu geben.«*

1.
Lieben kann man lernen

»Wir alle nutzen nur einen kleinen Bruchteil des uns in diesem Leben gegebenen Potentials für das Lieben, für die Zuwendung zu anderen, für das schöpferisch Tätigsein und für das Abenteuer. Die Aktivierung unseres Potentials kann daher zum erregendsten Abenteuer unseres Lebens werden.«

Herbert Otto

Um die Jahrhundertwende fand man in der Nähe eines kleinen Dorfes in Frankreich in einem Wald ein Kind. Die Eltern hatten dieses Kind ausgesetzt. Wie durch ein Wunder war es nicht gestorben. Obwohl dieser Junge physisch ein menschliches Wesen war, verhielt er sich nicht wie ein Mensch, sondern wie ein Tier. Er ging auf allen vieren, schlief in einem Erdloch, konnte nur tierische Laute ausstoßen, hatte keine engen Bindungen zu anderen Lebewesen und kümmerte sich um nichts anderes als sein eigenes Überleben.

Seit Menschengedenken ist immer wieder über ähnliche Fälle berichtet worden, zum Beispiel über den des indischen Mädchens Kumala. In jedem einzelnen dieser Fälle zeigt es sich, daß sich der Mensch, wenn er wie ein Tier aufwächst, auch wie ein Tier verhält; denn der Mensch »lernt es«, menschlich zu sein. Und ebenso wie er es lernt, ein menschliches Wesen zu sein, so lernt er, wie ein menschliches Wesen zu fühlen und wie ein menschliches Wesen zu lieben.

Psychologen, Psychiater, Soziologen, Anthropologen und Erzieher haben in ungezählten wissenschaftlichen Untersuchungen und Forschungsberichten erklärt, die Liebe sei »eine erlernte Reaktion, ein erlerntes Gefühl«. Wie ein Mensch zu lieben lernt, scheint direkt von seiner Lernfähigkeit, von den Menschen in seiner Umgebung, die ihn die Liebe lehren, sowie von dem Typ, dem Entwicklungsstand und der Differenziertheit der Kultur abhängig zu sein, in der er lebt. Die Familienstruktur, die Art der Brautwerbung, die Ehegesetze, die Sexualtabus sind zum Beispiel in den verschiedenen Kulturen ganz verschieden. Die Sitten und Gebräuche hinsichtlich der Liebe, der Sexualität, der Ehe und der Familie sind auf Bali ganz anders als in New York. Auf Bali ist die Familienstruktur zum Beispiel sehr eng, wogegen sie in Manhattan sehr viel lockerer und weniger strukturiert ist. Auf Bali gibt es die Vielehe, in Manhattan leben die Ehepartner – wenigstens juristisch – in der Einehe zusammen.

Diese Tatsachen scheinen, soweit es die Auswirkungen des Lernens auf das Verhalten betrifft, selbstverständlich zu sein. Und doch haben sie offenbar nur geringe oder gar keine Auswirkungen auf die meisten Menschen, wenn es um die Liebe geht. Die meisten von uns verhalten sich immer noch so, als werde die Liebe nicht erlernt, sondern schlummere latent in jedem menschlichen Wesen und warte nur darauf, auf geheimnisvolle Weise geweckt zu werden und aufzublühen. Viele Menschen warten für immer vergeblich auf dieses Ereignis. Offensichtlich weigern wir uns, der offenkundigen Tatsache ins Auge zu sehen, daß die meisten von uns ihr ganzes Leben mit dem Versuch zubringen, die Liebe zu finden und in Liebe zu leben, aber doch sterben müssen, ohne sie je wirklich entdeckt zu haben.

Es gibt Menschen, welche die Liebe als eine naive und romantische Konstruktion unserer Kultur abtun möchten. Andere wiederum werden ganz poetisch und sagen: »Die Liebe ist alles« oder: »Die Liebe ist wie der Gesang der Nachtigall und das Leuchten in den Augen eines jungen Mädchens in einer Sommernacht.« Religiöse Dogmatiker erklärten dir mit Nachdruck: »Gott ist die Liebe.« Und wieder andere berichten aus ihrer eigenen und einzigartigen Erfahrung: »Die Liebe ist eine starke emotionale Bindung an einen anderen Menschen...« Manchmal wirst du feststellen, daß Menschen nie daran ge-

Jeder Mensch erlebt die Liebe auf seine begrenzte Art und Weise und scheint die sich daraus ergebende Verwirrung und Einsamkeit nicht mit seinem Mangel an Wissen über die Liebe in Zusammenhang zu bringen.

dacht haben, die Liebe in Frage zu stellen oder sie gar zu definieren, und daß sie sich sogar leidenschaftlich dagegen wehren, darüber nachzudenken. Für sie ist die Liebe etwas Unwägbares, das sich mit dem Intellekt nicht begründen läßt, sondern nur erfahren werden kann. In gewisser Weise sind alle diese Behauptungen richtig, aber anzunehmen, daß eine von ihnen die beste sei und sich das Wesen der Liebe darin erschöpfe, wäre eine zu große Vereinfachung. So erlebt jeder Mensch die Liebe auf seine begrenzte Art und Weise und bringt offensichtlich die sich daraus ergebende Verwirrung und Einsamkeit nicht in Zusammenhang mit seinem Mangel an Wissen über die Liebe.

Wer die Funktionen eines Automobils kennenlernen will, wird sich ohne Frage gründlich mit allen Fragen der Automobiltechnik beschäftigen. Wenn eine Frau eine gute Köchin sein will, wird sie bestimmt die Kochkunst studieren und vielleicht sogar an einem Kochlehrgang teilnehmen. Aber anscheinend begreift niemand, der das Leben eines Liebenden führen will, daß er zum Erlernen der Liebe wenigstens ebenso viel Zeit aufwenden muß wie der Automechaniker oder die gute Köchin. Kein Mechaniker und keine Köchin würden jemals glauben, sie könnten auf ihrem Gebiet Hervorragendes leisten, wenn sie lediglich den Wunsch hätten, sich das notwendige Wissen anzueignen.

Wenn wir nun von der Liebe sprechen, dann sollten wir uns die folgenden Prämissen vor Augen halten:

Du kannst nichts verschenken, was du nicht besitzt. Um Liebe zu geben, mußt du Liebe haben.
Du kannst nichts lehren, was du nicht begriffen hast. Um Liebe zu lehren, mußt du begriffen haben, was Liebe ist.
Du kannst nicht wissen, was du nicht erforscht hast. Um das Wesen der Liebe zu erforschen, mußt du in Liebe leben.
Du kannst den Wert einer Erfahrung nicht schätzen, die du selber nicht gemacht hast. Um Liebe wirklich zu erfassen, mußt du für Liebe empfänglich sein.

Du kannst nicht an etwas zweifeln, dem du vertrauen willst. Um der Liebe zu vertrauen, mußt du von der Liebe überzeugt sein.

Du kannst nichts geschehen lassen, ohne dich auf das Geschehen einzulassen. Um dich auf Liebe einzulassen, mußt du bereit sein, dich von der Liebe verwunden zu lassen.

Du kannst in deinem Leben nichts verwirklichen, ohne dich ganz dem hinzugeben, was du verwirklichen willst. Um dich der Liebe hinzugeben, mußt du ständig in der Liebe wachsen.

Ein neugeborenes Kind weiß nichts von der Liebe. Es ist völlig hilflos, unwissend, von seiner Umgebung abhängig und verwundbar. Ein Kind, das sich selbst überlassen bleibt, bevor es sechs oder sieben Jahre alt geworden ist, wird in den meisten Fällen sterben. Es braucht eine sehr viel längere Zeit, unabhängig und selbständig zu werden, als jedes andere Lebewesen. Es hat sogar den Anschein, daß der einzelne in einer immer komplizierter und differenzierter werdenden Gesellschaft schließlich bis zu seinem Tode wenn nicht wirtschaftlich, so doch emotional abhängig bleibt.

Wenn das Kind heranwächst, lehren es die Welt, die es umgibt, und die Menschen, die in dieser Welt einen Einfluß auf seine Entwicklung ausüben, was Liebe bedeutet. Zunächst erlebt es vielleicht diese Zuwendung, wenn es hungrig ist, sich einsam fühlt, Schmerzen empfindet oder sich nicht wohl fühlt und sich dann durch Schreien und Weinen bemerkbar macht. Dieses Weinen löst bei den anderen Menschen wahrscheinlich eine Reaktion aus. Irgend jemand wird es normalerweise füttern und so seinen Hunger stillen, es in den Arm nehmen, damit es sich nicht mehr einsam fühlt, und die Ursachen des Schmerzes oder der Unbequemlichkeit beseitigen. Es erlebt auf diese Weise die ersten zwischenmenschlichen Beziehungen, aus denen es lernt, sich mit einem anderen Lebewesen zu identifizieren. Zunächst ist es noch nicht fähig, die Veränderung seiner Lage mit einer bestimmten menschlichen Rolle wie Mutter, Vater, Kindermädchen oder Großmutter in Beziehung zu bringen. Wenn etwa ein Wolf diese Rolle übernähme – und das ist, wie wir aus der Geschichte wissen, gelegentlich geschehen –, dann würde das Kind wahrscheinlich eine Anhänglichkeit an diesen Wolf entwickeln, da er seine Bedürfnisse befriedigt. Aber das ist noch keine Liebe, sondern lediglich eine Zweckbindung. Doch das macht nichts. Es ist diese erste Reaktion und Wechselbeziehung, die, so einseitig und primitiv sie auch erscheinen mag, schließlich zu dem komplexen, vielseitigen Phänomen der Liebe führen wird.

In diesem Stadium spielt die Haltung dessen, von dem das Kind abhängig ist und der auf seine Bedürfnisse reagiert, eine wichtige Rolle. Auch dieser Mensch hat Bedürfnisse. Und seine Bedürfnisse bestimmen die Art und Weise, mit welcher er auf das Verlangen des Kindes reagiert. Die Mutter, die nachts aufsteht, das Kind versorgt oder die tausend kleinen Dinge tut, die in unserem 20. Jahrhundert zur Pflicht einer Mutter gehören, findet vielleicht einfach Befriedigung in dem Gefühl, Leben geschaffen zu haben, oder im Lächeln des Kindes oder seiner Wärme an ihrem Körper. Doch wenn diese Motivation fehlt, wird sie sich von dem Kind abwenden und es im Stich lassen. Ihre Reaktion auf das Verhalten des Kindes wird jeweils auch ihren eigenen Bedürfnissen entsprechen. Man hat festgestellt, daß Mütter von autistischen Kindern, die keinerlei Reaktionen zeigen, dazu neigen, sich möglichst wenig um ihre Kinder zu kümmern. Sie nehmen die Kinder seltener in den Arm, liebkosen und streicheln sie weniger und lassen es an der sonst natürlichen Zuwendung fehlen.

Mit dem Kind wachsen auch seine Welt und seine Bindungen. Die Liebe in dieser Welt ist noch begrenzt, gewöhnlich auf seine Familie: auf seinen Vater, seine Geschwister, aber vor allem auf seine Mutter. Jedes Familienmitglied lehrt das Kind auf seine Weise etwas über die Liebe. Das geschieht durch die Art und Weise, wie der einzelne das Kind behandelt, wie er mit ihm spielt oder spricht und auf das Kind reagiert. Natürlich werden die Familienmitglieder das Kind nicht bewußt die Liebe »lehren«. Die Liebe ist eine Emotion, das ist wahr. Sie ist aber auch eine »Reaktion« auf eine Emotion und deshalb ein »aktiver«

Ausdruck dessen, was man fühlt. Die Liebe wird nicht durch Osmose erlernt. Sie wird vielmehr aktiv zum Ausdruck gebracht und erhält eine entsprechende Antwort.

Jedes Familienmitglied kann dem anderen nur das vermitteln, was es selbst von der Liebe weiß. Und das Kind wird im Lauf der Zeit immer mehr das Erlernte in seinem Verhalten praktizieren. Die positiven Elemente, die dabei zum Ausdruck kommen und entsprechend den Gefühlen und Überzeugungen der Familie gebilligt und unterstützt werden, bestimmen nun das Verhalten des Kindes. Jene Elemente in seinem Verhalten, welche die anderen Familienmitglieder nicht billigen und nicht unterstützen, vielleicht sogar bestrafen, werden nicht in das Verhaltensrepertoire aufgenommen. Wenn es in der Familie zum Beispiel üblich ist, der Zuneigung zu anderen deutlich Ausdruck zu verleihen, wird das Kind durch eine positive Reaktion auf ein entsprechendes Verhalten darin bestärkt werden. Das Kind läuft auf den Vater zu, springt ihm auf den Schoß und gibt ihm einen zärtlichen, warmen und feuchten Kuß auf den Mund. Der Vater erwidert den Kuß, begrüßt das Kind freudig und mit freundlichen Worten, nimmt es zärtlich in die Arme, lächelt es an und zeigt ihm damit, daß er das Verhalten des Kindes gutheißt. Damit lehrt er das Kind, daß es richtig ist, der Liebe deutlich Ausdruck zu verleihen. Andererseits kann ein Kind spontan seinem Vater auf den Schoß springen, der es vielleicht ebenso sehr liebt, aber nicht geneigt ist, seinen Gefühlen so deutlich Ausdruck zu verleihen. Dieser Vater wird das Kind unter Umständen sanft von sich fortschieben, lächeln und sagen: »Große Männer umarmen und küssen sich nicht.« Damit lehrt der Vater sein Kind, daß es zwar richtig ist, sich zu lieben, daß es aber im Kreis dieser Familie nicht üblich ist, seine Liebe zu deutlich zu zeigen. Der französische Philosoph Jean-Paul Sartre hat gesagt: »Schon lange vor unserer Geburt, ja sogar schon vor unserer Empfängnis haben unsere Eltern bestimmt, wer wir sein sollen.«

Aber auch außerhalb der eigenen Familie gibt es Einflüsse, die uns die Liebe lehren. Diese Einflüsse können sehr stark sein. Zu ihnen gehört der Kulturkreis, in dem der Mensch aufwächst. Es ist die spezifische Kultur, die in vielen Fällen die Familien lehrt, wie sie auf die Liebe reagieren sollen. Deshalb wird das kulturelle Umfeld das Verhalten des Kindes entscheidend mitbestimmen.

Ein französisches Kind, das zum Beispiel in China geboren und von chinesischen Eltern aufgezogen wird, wird wie ein chinesisches Kind aufwachsen und spielen; seine Träume, seine Verhaltensweisen und Reaktionen, seine Neigungen und Abneigungen, seine Sprache, seine Sehnsüchte und Träume werden chinesisch sein. Auf der anderen Seite wird das gleiche französische Kind, das in einer chinesischen Kultur von französischen Eltern aufgezogen worden ist, zum französischen Kind in einer chinesischen Gesellschaft werden. Es wird an den Aspekten der französischen Kultur festhalten, die es von seinen Eltern übernommen hat, und sie im Lauf der Zeit dem Leben in China anpassen, um in der chinesischen Gesellschaft leben zu können. Es wird die französischen Eigenheiten entwickeln, die für französische Kinder typisch sind, wird sich aber auch mit diesen Eigenheiten der chinesischen Kultur anpassen müssen.

Niemand kann sich vollkommen den Zwängen und Einflüssen der Kultur entziehen. Um gesellschaftlich anerkannt zu werden, muß man stets auf einen Teil seiner Selbst verzichten. Ein Robinson Crusoe kann auf seiner Insel zwar völlig frei über sein Verhalten bestimmen, aber er bezahlt diese Freiheit mit der Isolation. Als ein zweiter Mensch, Freitag, auftaucht, muß er eine Entscheidung treffen. Er kann Freitag entweder als ebenbürtig anerkennen, und das bedeutet, daß er seinen Lebensstil ändern müßte, um in demokratischer Weise auf den anderen Rücksicht zu nehmen, oder er kann Freitag zu seinem Sklaven machen. Wenn er das tut, braucht Robinson Crusoe sein Verhalten kaum zu ändern. Er führt das gleiche Leben weiter und bleibt die gleiche Persönlichkeit, nur daß er gezwungen ist, seinen Sklaven Freitag ständig im Auge zu behalten und zum Gehorsam zu zwingen.

Im Herbst 1970 habe ich, was das Zusammenleben mit anderen Menschen betrifft, eine interessante Erfahrung gemacht. Ich habe eine besondere Vorliebe für das bunte Herbstlaub.

Mir gefallen die Farben und ich liebe das Rascheln der am Boden liegenden Blätter, wenn ich durch sie hindurchgehe. Deshalb lasse ich sie auf dem Fußweg vor meinem Haus liegen. Dort werden sie zu einem vielfarbigen, raschelnden und knisternden Teppich unter meinen Füßen. Als ich nun eines Tages mit meinen Studenten in meinem Haus zusammensaß, klopfte jemand an die Haustür. Ich öffnete, und draußen standen meine Nachbarn, denen der Blättersegen vor meinem Haus nicht gefallen wollte. Sie baten mich, die Blätter fortzuräumen, und machten mir sogar das höfliche Angebot, es selbst zu tun. Ich erklärte mich sofort bereit, den Weg zu säubern, was meinen Studenten gar nicht gefiel. Sie meinten, ich hätte mich gegen diese Zumutung wehren und die Nachbarn zum Teufel jagen sollen. Aber ich erklärte, wir könnten eine alle befriedigende Lösung finden, wenn sie mir helfen wollten, die Blätter zusammenzurechen und in einen Korb zu legen. Sie folgten dieser Aufforderung nur sehr unwillig und beklagten sich lautstark über unsere »rückständige« Zivilisation, die nach ihrer Ansicht die Freiheit des Individuums einschränkte. Nachdem die Blätter eingesammelt waren, brachte ich sie ins Haus und schüttete sie in meinem Wohnzimmer auf den Fußboden. Dem Ordnungssinn meiner Nachbarn war Genüge getan, und ich hatte die wunderschönen Herbstfarben in meinem Zimmer und konnte nach Herzenslust das Rascheln der Blätter genießen. (Wenn es notwendig war, ließen sie sich ohne weiteres wieder hinausschaffen.) Ich hatte unserer Zivilisation den geforderten Tribut gezahlt, denn ich komme gern gut mit meinen Nachbarn aus und brauche sie auch, aber ich hatte zugleich meine eigenen Bedürfnisse befriedigt. Ich freue mich an dem Herbstlaub und brauche es.

Wenn wir uns bereit finden, auf eine Freiheit geringerer Größenordnung zu verzichten, gewinnen wir damit vielleicht eine Freiheit auf höherer Ebene. (Ich hatte das Herbstlaub vor meinem Haus zusammengefegt und mir damit die Freundschaft meiner Nachbarn erhalten. Man weiß nie, wann einem im entscheidenden Augenblick das Mehl in der Küche ausgeht.) Unsere Kultur und Gesellschaft haben, wenn wir uns dazugehörig fühlen, die Möglichkeit, unser Denken zu beeinflussen, die Zahl unserer Alternativen zu begrenzen, unser Verhalten zu formen, uns zu lehren, wie wir ihren Anforderungen genügen sollen, und uns auf liebevolle Weise zu zeigen, was das bedeutet.

So ist also die Kultur, in der wir aufwachsen, in gewisser Weise daran beteiligt, uns die Liebe zu lehren.

Gelegentlich können die Familie, in der das Individuum aufwächst, und die Kultur, in der es lebt, in Konflikt geraten. Mit meinen Eltern und Geschwistern gehöre ich einer großen, warmherzigen, gefühlvollen und überschwenglichen italienischen Familie an, in der die persönlichen Bindungen sehr stark sind und die mich gelehrt hat, meiner Liebe und Zuneigung sehr deutlich Ausdruck zu geben. Aber in der Schule mußte ich sehr bald erfahren, daß es nicht üblich war, meine Mitschüler und Lehrer zu umarmen und zu küssen. Ein solches Verhalten galt als unreif, weibisch und wurde, um das mindeste zu sagen, als störend empfunden. Ich kann mich noch daran erinnern, wie sehr es mich verwirrte, als die Mutter eines Mitschülers meine Eltern aufsuchte und ihnen erklärte, ich sei kein geeigneter Spielgefährte für ihre Kinder, weil ich zu sehr den körperlichen Kontakt mit ihnen suchte. Als man mir das Problem erklärte, hatte ich allerdings keine Schwierigkeiten mehr damit. Ich begriff, daß ich bei uns zu Hause und in den Häusern anderer ähnlicher Familien meinen Gefühlen auf die gewohnte Weise Ausdruck verleihen durfte, daß dies aber nicht überall die richtige Art war. Ich sollte das Verhalten der anderen Leute beobachten, mir selbst ein Urteil bilden und angemessen reagieren. Inzwischen war ich allerdings davon überzeugt, daß ein Händedruck oder ein freundliches Lächeln nie so viel bedeuten konnte und mir nicht so viel Freude machte wie eine Umarmung oder ein zärtlicher Kuß. (Und das glaube ich auch heute noch.)

Das Kind ist also zunächst ständig seinen Lehrern ausgeliefert – seiner Umwelt und den Personen, mit denen es in Berührung kommt. Sie sind dafür verantwortlich, das Kind in der Liebe zu unterrichten. Die Eltern werden natürlich seine wichtigsten Lehrer sein. Sie werden den stärksten Einfluß auf das Kind haben und es in der Art der Liebe unterweisen, die sie selbst erlernt haben, und zwar auch nur in der von ihnen erlernten Intensität. Denn auch sie sind ihren Lehrern und ihrer Kultur ausgeliefert gewesen. Jeder Lehrer kann nur das weitergeben, was er gelernt hat. Wenn die Liebe, in der er unterwiesen worden ist, unreif, unklar, besitzergreifend, destruktiv und exklusiv gewesen ist, dann wird er diese Art der Liebe auch an die Kinder weitergeben. Wenn sie jedoch im Gegensatz dazu eine Liebe kennen, die ständig wächst, frei und reif ist, dann werden sie ihre Kinder die gleiche Liebe lehren. Das Kind kann seinen Lehrern keinen Widerstand leisten. Es hat kaum oder gar nicht die Möglichkeit, es zu tun. Um einigermaßen zufrieden und ungestört leben zu können, muß es akzeptieren, was ihm geboten wird, oft völlig widerspruchslos. Zwar hat das Kind mit Sicherheit das Bedürfnis, Fragen zu stellen, denn sein Wissen ist noch gering, und es kann das Gelernte mit nichts anderem vergleichen. Es wird mit einer ganz bestimmten Vorstellungswelt gefüttert; man gibt ihm die Werkzeuge, die es braucht, um mit den Anforderungen des Lebens fertig zu werden, und die Symbole, mit deren Hilfe es diese Welt organisieren kann. Das Kind wird auch darüber belehrt, was für sein Leben wichtig ist, auf welche Laute es hören soll und was sie bedeuten, und welche Dinge wertlos sind. Mit anderen Worten: Es lernt, zum ganz besonderen Typus eines liebenden Menschen zu werden. Um wiedergeliebt zu werden, braucht es nur zu hören, zu sehen und auf das Verhalten anderer zu reagieren. Das ist zwar eine sehr einfache Sache, bedeutet aber, einen großen Teil der eigenen Individualität aufzugeben.

Die Sprache ist das wirksamste Instrument zur Weitergabe von Wissen, Geisteshaltung, Vorurteilen, Gefühlen und allen Aspekten, die bewirken, daß Persönlichkeiten und Kulturen einzigartig werden. Die Sprache wird in der Familie und in der Gesellschaft gelehrt und gelernt. Jedes normale Kind besitzt die biologische, geistige und physische Fähigkeit, jede beliebige Sprache zu lernen. Als Kleinkind ist es schon imstande, alle Laute des universalen phonetischen Alphabets hervorzubringen. Obwohl das Kind bis zum Alter von drei oder vier Jahren keinen formellen Sprachunterricht erhält, kann es sich bis dahin verständlich in der Sprache seiner Kultur äußern. Es lernt das System, die Klangfarbe und den Ton dieser Sprache. Die Worte, die es verwendet, und ihre Bedeutung werden von den Menschen seiner unmittelbaren Umgebung festgelegt, die das Kind unterweisen. Natürlich kann es noch nicht lesen und lernt das Sprechen deshalb nur nach Gehör. Es ist sich noch nicht der Tatsache bewußt, daß die Sprache, die es lernt, mitbestimmt, was aus ihm wird, wie es die Welt betrachten wird, wie es seine Welt organisieren und wie es diese Welt wiederum anderen Menschen darstellen wird.

Alle Worte haben einen intellektuellen Inhalt. Es würde uns zum Beispiel keine Schwierigkeiten bereiten, die Begriffe »Tisch« oder »Haus« zu definieren. Aber jedes Wort hat auch einen emotionalen Inhalt. Die Sache wird ganz anders, wenn wir aufgefordert werden, den Unterschied zwischen einem »Haus« und unserem ersten »Zuhause«, an das wir uns erinnern können, zu definieren. Wir alle kennen die oberflächliche Bedeutung des Wortes »frei«. Aber wenn wir versuchen sollten, den Begriff der Freiheit im Hinblick auf uns selbst in unserem gegenwärtigen Milieu zu definieren, dann wäre das eine sehr schwierige Aufgabe.

Timothy Leary hat interessante Untersuchungen über Sprache und Bewußtsein angestellt, und er bezeichnet Worte als »den Abdruck (ein Einfrieren) des äußeren Bewußtseins«. Er erklärt, jedesmal, wenn die Eltern oder die Gesellschaft das Kind ein neues Symbol lehren, bekommt dieses Symbol sowohl einen rationalen als auch einen emotionalen Inhalt. Dieser Inhalt wird begrenzt durch Einstellung und Gefühle der Eltern und der Gesellschaft. Dieser Lernvorgang beginnt in einem so frühen Alter, daß das Kind sich kaum dazu äußern kann, welche Bedeutung die Worte für es haben werden. Sobald die Einstellung und die Gefühle gegenüber den Objekten oder Personen, welche diese Worte bezeichnen, »festgefroren« sind, stabilisieren sie sich und werden in vielen Fällen unveränderbar. Mit den Worten lernt das Kind daher nicht nur deren Bedeutung, sondern auch eine ganz bestimmte Einstellung. Auf diese Weise entsteht auch seine innere Einstellung gegenüber der Liebe. Wie Leary sagt, entsteht dabei eine Art statischer Landkarte, auf die alles, was das Kind in der Folgezeit an Einstellungen und Wahrnehmungen lernt, eingetragen wird. Das Aussehen der »Landkarte« des Kindes wird dadurch bestimmt, wie genau die Symbole den Tatsachen entsprechen, wie sie aufgenommen, assimiliert, analysiert und durch die Erfahrung gefestigt werden. Auf diese Weise entsteht die für das Verhalten, die menschlichen Beziehungen, das Tätigwerden, die innere Einstellung, das Einfühlungsvermögen, das Verantwortungsbewußtsein, das Vertrauen, die Zuwendung zu anderen, das Lustgefühl und die Reaktionsfähigkeit maßgebende Sprache – mit anderen Worten die Sprache der Liebe.

Nach dieser Entwicklungsstufe ist das Kind immer noch auf Gnade und Ungnade seinen Lehrern ausgeliefert. Als Folge fehlender Erfahrung und der persönlichen Abhängigkeit sieht es sich gezwungen, seinen Lehrern zu vertrauen und den Liebesbegriff zu akzeptieren, den sie ihm als etwas Reales anbieten.

Etwa um diese Zeit wird das Kind eingeschult. Auf die schulische Erziehung werden große Hoffnungen gesetzt. Hier öffnen sich ihm die ersten möglichen Fluchtwege. Es entdeckt neue unerforschte Gebiete, Welten, in denen das Leben und die Liebe neu definiert werden und es auf bisher unbekannte, ungewöhnliche und erregende Möglichkeiten stößt. Doch sehr bald wird das Kind enttäuscht. Es findet nicht die Freiheit, sich eine eigene Welt aufzubauen, sondern sieht sich plötzlich Umwelteinflüssen ausgesetzt, die ihm eine noch geringere Flexibilität einräumen, als dies innerhalb der Familie geschehen war. Charles Reich bringt das in seinem Buch *The Greening of America*[1] in dramatischer Weise zum Ausdruck: »Während die Autorität in der Schule an keine Gesetze gebunden ist, wird der Schulbesuch durch das Gesetz vorgeschrieben. Wer dieses Gesetz nicht beachtet, wird sogar mit Strafe bedroht. (Die Option,

[1] In wörtlicher Übersetzung: Die Lebenskraft Amerikas.

eine Privatschule zu besuchen, gibt es nur für Familien, die sich das finanziell leisten können, es ist aber nicht eine Option des Schülers, und außerdem besteht diese Möglichkeit nur für sehr wenige.) In der Schule gibt es zwar keine vergitterten Fenster wie im Gefängnis oder verriegelte Türen wie im Irrenhaus, aber der Schüler besitzt ebensowenig die Freiheit, die Schule zu verlassen, wie ein Gefangener in einer Strafanstalt.«

Das auf diese Weise in der Schule eingesperrte Kind muß nun einem offiziellen Lehrplan folgen, als dessen wichtigste Aufgabe die Weitergabe des »in der Vergangenheit angesammelten Wissens« ist, gewöhnlich auf Kosten der Gegenwart und der Zukunft. Das Kind wird in erster Linie mit Fakten gefüttert, nicht aber in eine neue Welt eingeführt. Alles, was es hier lernt, ist angeblich notwendig zur Förderung der Selbsterkenntnis des Heranwachsenden und für die Entwicklung der Beziehungen seines eigenen Selbst zu anderen Menschen. Der Schüler stellt sehr bald fest, daß viele seiner Lehrer reine Automaten sind, die es nicht verstehen, Begeisterung, Hoffnung oder Freude zu wecken. Erich Fromm sagt: »Leben heißt, ständig neu geboren zu werden. Das Tragische im Leben der meisten von uns ist es, daß wir sterben, bevor wir ganz geboren worden sind.« Unser modernes Erziehungssystem ist kaum geeignet, das Kind vom Tod zur Wiedergeburt zu führen.

Im Rahmen unseres gegenwärtigen Erziehungssystems läßt sich weder die Liebe zum eigenen Selbst – die Erzieher nennen das Selbstachtung –, noch die Liebe zu anderen, die Verantwortung für den Mitmenschen und die Liebe zu ihm, lehren. Die Lehrer sind zu sehr damit beschäftigt, den Unterricht zu organisieren, um wirklich schöpferisch zu sein. Albert Einstein hat gesagt: »Es grenzt schon an ein Wunder, daß unser heutiges Erziehungssystem die heilige Neugier des Forschungsdranges nicht völlig erstickt hat. Denn dieses zarte Pflänzchen braucht die Freiheit, ohne die es welken und sterben muß.«

Der inzwischen erwachsen gewordene junge Mensch verläßt unsere Schulen verwirrt, einsam, allein gelassen, verloren und zornig, aber sein Gehirn ist vollgestopft mit unzusammenhängenden, bedeutungslosen Tatsachen, und all das bezeichnet man als Bildung. Ist das nicht lächerlich? Der Schulabgänger weiß nicht, wer er ist, wo er ist und wie er dorthin gekommen ist. Er weiß nicht, wohin er gehen soll, wie er sein Ziel erreichen kann oder was er tun wird, wenn er es schließlich doch erreicht hat. Er hat keine Vorstellung davon, was er besitzt, was er haben will oder wie er seinen geistigen Besitz weiterentwickeln könnte. Man hat ihn zu einem Roboter gemacht. Vorzeitig gealtert, in der Vergangenheit lebend, steht er verwirrt vor der Gegenwart und fürchtet sich vor der Zukunft. Darin gleicht er den Lehrern, die das aus ihm gemacht haben.

Auf dem Weg, den er bisher zurückgelegt hat, ist er niemals mit der Liebe als einem erlernbaren Phänomen in Berührung gekommen. Was er von der Liebe gelernt hat, ist ihm auf indirektem Wege begegnet, durch Zufall oder durch Versuch und Irrtum. Den stärksten Einfluß haben die kommerziellen Massenmedien auf ihn gehabt, für welche die Liebe immer nur Mittel zum Zweck ist, und sie sind in den meisten Fällen seine einzigen Lehrer auf diesem Gebiet gewesen. Frustrierte Dichter haben die romantische Liebe mit Hilfe von Metro-Goldwyn-Mayer und 20th Century Fox für den Weltmarkt aufbereitet. Hier ist die Liebe gewöhnlich nicht mehr als die Begegnung eines jungen Mannes mit einer jungen Frau, wobei die junge Frau den jungen Mann an der Nase herumführt oder umgekehrt, der junge Mann die Zuneigung der jungen Frau verliert, beide durch eine magische Fügung des Schicksals zur Einsicht kommen, sich kriegen und endlich »glücklich vereint« ein gemeinsames Leben beginnen. Es ist immer wieder das gleiche, wenn auch mit einigen Variationen.

Ein klassisches Beispiel war der Erfolg der Filme mit Rock Hudson und Doris Day. Rock lernt Doris kennen. Rock überschüttet Doris mit Aufmerksamkeiten – Geschenke, Blumen, freundliche Worte, wilde Verfolgungsjagden und das geschliffene Benehmen eines Kavaliers. Über 6000 Meter lange Filmstreifen entzieht sich Doris den Annäherungsversuchen von Rock. Schließlich kann sie ihm nicht mehr widerstehen und wirft sich Rock in die Arme. Rock trägt Doris über die Schwelle des Brautgemachs. Ende.

Das Interessanteste an der ganzen Sache wäre das, was nach diesem Ende geschieht. Ein Mädchen, wie es von Doris dargestellt wird und das sich den Annäherungsversuchen seines Liebhabers über sechs Filmstreifen widersetzt hat, muß frigide sein, und ein Mann, der sich einen solchen Unsinn gefallen läßt, ist sicherlich impotent. Sie haben einander verdient.

Und doch wollen uns diese und ähnliche Filme zeigen, was Liebe ist.

Werbesendungen von Kosmetik- und Zigarettenfirmen verstärken noch diese blödsinnige Vorstellung von der Liebe. Man sagt uns, die Liebe bestünde darin, daß zwei Menschen Hand in Hand über eine Wiese laufen, im Dunkeln zwei Zigaretten anzünden oder täglich ein bestimmtes Deodorant benutzen. Angeblich fällt die Liebe vom Himmel, und gewöhnlich ist es Liebe auf den ersten Blick. Niemand braucht sich um die Liebe zu bemühen; niemand muß die Liebe lernen; man verliebt sich ganz automatisch – wenn man die richtigen Verhaltensregeln befolgt und das »Spiel« nach diesen Regeln spielt.

Ich möchte keine Firma mit einem Architekten gründen, der nichts oder nur wenig vom Bauen versteht, oder mit einem Börsenmakler, der keine Erfahrungen an der Börse gesammelt hat. Und doch hoffen wir, dauernde Liebesbeziehungen zu Menschen herstellen zu können, die kaum eine Ahnung davon haben, was Liebe ist. Für sie bedeutet Liebe Sexualität, körperliche Reize, Bedürfnisse, Sicherheit, ein romantisches Liebesabenteuer, Freundlichkeit und ähnliches. Sicherlich haben alle diese Dinge etwas mit Liebe zu tun, sie sind aber nicht mit Liebe gleichzusetzen. Irgend jemand in meinem Liebesseminar hat einmal gesagt: »Ich wünschte, sie könnte mich mehr lieben und brauchte mich weniger.«

Die meisten von uns lernen es nie, richtig zu lieben. Wir tun so, als liebten wir. Wir imitieren liebende Menschen und gehen mit der Liebe um, als sei sie ein Gesellschaftsspiel. Dürfen wir uns dann noch darüber wundern, daß so viele Menschen vor Einsamkeit sterben, sich von Sorgen niederdrücken lassen und auch, wenn sie scheinbar enge menschliche Bindungen eingegangen sind, das Gefühl haben, nicht ausgefüllt zu sein, und ständig auf der Suche nach etwas sind, von dem wir wissen, daß es irgendwo zu finden sein muß? »Ist das wirklich alles?« heißt es in einem Lied.

Es gibt tatsächlich auch noch etwas anderes. Und das ist dies: das unbegrenzte Potential der Liebe in jedem Menschen, das erkannt werden will, das darauf wartet, entwickelt zu werden, und sich danach sehnt zu wachsen.

Es ist nie zu spät, etwas zu lernen, für das wir das Potential in uns haben. Wenn du lernen willst zu lieben, dann mußt du damit anfangen, daß du feststellst, was Liebe ist, welche Qualitäten einen liebenden Menschen auszeichnen und wie sich diese Qualitäten entwickeln lassen. Jeder einzelne Mensch besitzt die Fähigkeit zu lieben. Aber sein Liebespotential läßt sich nicht verwirklichen, ohne daß er sich darum bemüht. Dazu bedarf es keines Leidens und keiner schmerzlichen Erfahrungen. Gerade die Liebe lernt man am besten in freudiger Stimmung, im inneren Frieden und in der lebendigen Erfahrung der Welt, die einen umgibt.

2.
Wir wollen lieben und
geliebt werden

»Die Wissenschaftler entdecken in diesem Augenblick, daß das Leben für den Menschen nur einen Wert hat, wenn er es mit der Liebe verbindet, denn dies ist in der Tat das einzige Leben, das den natürlichen Anlagen des Menschen entspricht.«

Ashley Montagu

Es ist wahr, daß im Grunde jeder Mensch allein dasteht. Gleichgültig wie viele Menschen ihn umgeben oder wie berühmt er ist, in den entscheidenden Augenblicken seines Lebens ist er allein auf sich selbst angewiesen. Den Augenblick der Geburt erlebt er allein, und ebenso einsam ist er in der Stunde seines Todes. Zwischen diesen ganz entscheidenden Ereignissen erfährt er das Alleinsein in Augenblicken des Kummers und der Tränen, beim Ringen um Veränderungen in seinem Leben und wenn er wichtige Entscheidungen zu treffen hat. Das sind Zeiten, in denen der Mensch auf sich selbst angewiesen ist, denn niemand sonst kann seine Tränen, seine Bestrebungen oder die komplexe Motivation verstehen, die hinter seinen Entscheidungen liegt. Die meisten anderen Menschen bleiben für ihn im wesentlichen Fremde, auch jene, die ihn lieben. Orest war allein, als er beschloß, seine Mutter Klytemnestra zu töten und sich durch diese Tat zu befreien. Hamlet war allein, als er den Beschluß faßte, seines Vaters Tod zu rächen und damit sich selbst und praktisch alle Menschen in seiner unmittelbaren Umgebung zu vernichten. John F. Kennedy war allein, als er die Entscheidung über das Unternehmen in der Schweinebucht traf und damit einen Beschluß faßte, der zum dritten Weltkrieg hätte führen können. Die meisten von uns werden das Gewicht so großer einsamer Entschlüsse niemals kennenlernen, aber jedesmal, wenn wir einen Entschluß fassen, mag er auch noch so unbedeutend erscheinen, sind auch wir in Wirklichkeit allein.

Das Konzept des Alleinseins nimmt noch verheerendere Formen an, wenn wir »Alleinsein« mit »Einsamkeit« gleichsetzen. Diese beiden Zustände sind allerdings völlig verschieden. Man kann allein sein, braucht sich dabei aber nicht einsam zu fühlen, und umgekehrt kann man in Gesellschaft vieler anderer Menschen einsam sein. Wir alle haben das Alleinsein in seinen verschiedenen Abstufungen kennengelernt, und nicht immer versetzt es uns in Furcht und Schrecken. Gelegentlich empfinden wir das Alleinsein nicht nur als notwendig, sondern auch als eine Herausforderung: Es bringt uns auf neue Ideen, und wir genießen es sogar. Wir müssen hin und wieder mit uns selbst allein sein, um im tiefsten Sinne des Wortes wieder zu uns selbst zu finden. Wir brauchen Zeit zum Nachdenken über den Sinn unseres Lebens, wir müssen unsere Gedanken ordnen oder sehnen uns ganz einfach danach zu träumen. Wir haben festgestellt, daß sich diese Bedürfnisse am besten befriedigen lassen, wenn wir allein sind. Albert Schweitzer hat dieses Problem sehr zutreffend beleuchtet, als er sagte, der moderne Mensch sei so sehr Teil einer Masse, daß er als Folge seiner persönlichen Vereinsamung stürbe.

Die meisten Menschen fassen das Alleinsein augenscheinlich als eine einzigartige Herausforderung auf. Aber sie nehmen das Alleinsein nicht als einen Dauerzustand hin. Der Mensch ist von Natur ein geselliges Wesen. Ist er allein, fühlt er sich nur wohl, wenn er jederzeit die Verbindung mit anderen aufnehmen kann. Er stellt fest, daß er mit jeder intimen Beziehung, die er zu anderen entwickelt, sich selbst näherkommt, daß andere ihm helfen, seine Persönlichkeit zu entwickeln, und die Stärke der Persönlichkeit wiederum das Alleinsein besser ertragen läßt. Deshalb sucht der Mensch bewußt die Verbindung zu anderen und pflegt sie. Er tut das in dem Ausmaß, in dem er dazu fähig ist und von anderen akzeptiert wird. Je intensiver er die Verbindung zu seiner Umwelt aufnehmen und sich sogar mit dem Tode auseinandersetzen kann, desto weniger wird er sich davor fürchten, isoliert zu werden. Deshalb hat der Mensch die Institutionen der Ehe, der Familie, der sozialen Gruppen und neuerdings der Kommunen geschaffen und, wie einige meinen, sogar einen Gott.

Wir erkennen immer deutlicher, daß der Mensch das angeborene Bedürfnis hat, die Gemeinsamkeit mit anderen zu pflegen und die Liebe zu seinen Mitmenschen zu entwickeln. Ohne diese engen Bindungen an andere menschliche Wesen kann ein neugeborenes Kind zum Beispiel in seiner Entwicklung zurückbleiben, sein Denkvermögen verlieren, idiotisch werden und sterben. Das kann sogar geschehen, wenn es im übrigen in einer ganz normalen Umwelt aufwächst, ausgezeichnet ernährt und klinisch einwandfrei versorgt wird. All das genügt jedoch anscheinend nicht für eine normale körperliche und geistige Entwicklung. Die Säuglingssterblichkeit in modern eingerichteten Kinderkliniken, die jedoch über zu wenig Personal verfügen, ist in jüngster Zeit erschreckend hoch gewesen. In den vergangenen zwanzig Jahren, bevor man die Bedeutung der menschlichen Zuwendung für die Entwicklung eines Kindes noch nicht richtig verstanden hatte, war die Sterblichkeitsrate bei Säuglingen und Kleinkindern noch erschreckender. 1915 berichtete Dr. Henry Chapen zum Beispiel auf einem Kongreß der American Pediatric Society in einer Studie über die Zustände in zehn Kinderkliniken der Vereinigten Staaten, daß in diesen Anstalten alle Kinder unter zwei Jahren gestorben seien! Andere Berichte aus der gleichen Zeit enthalten ähnliche Angaben.

In einer Studie über 800 kanadische Kinder berichtet Dr. Griffith Banning, daß in den Fällen, in denen die Eltern geschieden oder gestorben waren oder getrennt lebten und die Kinder die elterliche Liebe und Zuneigung vermißten, durch diese äußeren Umstände das Wachstum bedeutend mehr geschädigt wurde als durch Krankheiten und daß die Folgen solcher Entwicklungsstörungen viel schwerwiegender waren als die aller anderen Faktoren zusammen.

Die Liebe ist wie ein Spiegel. Wenn du einen anderen Menschen liebst, dann wirst du zu seinem Spiegel, und er wird zu deinem... Und indem jeder die Liebe des anderen widerspiegelt, blickst du in die Unendlichkeit.

Der bekannte Psychologe und Erzieher Skeels hat kürzlich über eine von ihm durchgeführte, höchst dramatische Langzeituntersuchung von Waisenkindern berichtet, in deren Rahmen die einzigen Variablen die menschliche Zuwendung und Liebe und die Ernährung waren. Eine Gruppe von 12 Kindern war in einem Waisenhaus untergebracht. Jedes einzelne der 12 Kinder einer zweiten Gruppe wurde täglich einem geistig behinderten Mädchen in einem nahegelegenen Heim anvertraut, das dort für dieses Kind sorgte und es mit seiner Liebe umgab. Die Ergebnisse dieser Untersuchung sind inzwischen in der Fachliteratur als maßgebend anerkannt. In einem Zeitraum von mehr als zwanzig Jahren hat Skeels festgestellt, daß die Kinder der ersten Gruppe, die im Waisenhaus und ohne eine persönliche Zuwendung aufwuchsen, wenn sie noch am Leben waren, entweder in Anstalten für geistig Behinderte oder in Irrenhäusern lebten. Alle Kinder der zweiten Gruppe, die liebende Zuwendung und Fürsorge genossen hatten, standen jetzt auf eigenen Füßen. Die meisten hatten die Oberschule erfolgreich abgeschlossen und waren glücklich verheiratet. Nur eines war geschieden. Eine solche Statistik muß uns zu denken geben!

Während der vergangenen zehn Jahre hat Dr. René Spitz in New York Kinder untersucht, die in zwei verschiedenen, aber hinsichtlich der Ausstattung durchaus angemessenen Anstalten untergebracht waren. Der Hauptunterschied zwischen beiden Anstalten bestand darin, daß die Kinder in der einen sehr viel mehr menschliche Liebe und Zuwendung erlebten und in intensiveren körperlichen Kontakt mit dem Pflegepersonal kamen als in der anderen. In der ersten Anstalt kam jedes Kind täglich mit einer Bezugsperson in Berührung. Das war in den meisten Fällen seine Mutter. In der zweiten Anstalt hatte eine einzige Kinderschwester acht bis 12 Kinder zu versorgen. Dr. Spitz untersuchte jedes Kind bezüglich seiner körperlichen und geistigen Entwicklung. Dabei berücksichtigte er den Entwicklungsquotienten des Kindes, und dazu gehörten so wichtige Persönlichkeitsaspekte wie die Intelligenz, die Wahrnehmungsfähigkeit, das Gedächtnis, die Imitationsfähigkeit. Während alle anderen Faktoren bei allen Kindern, die ausreichend ernährt wurden und die liebevolle Zuwendung einer Bezugsperson genossen, etwa die gleichen Werte zeigten, stieg der Entwicklungsquotient von 101,5 auf 105 an und zeigte eine ständig ansteigende Tendenz. Die Kinder, denen die menschliche Zuwendung fehlte, zeigten zunächst einen durchschnittlichen Entwicklungsquotienten von 124, aber im zweiten Jahr der Untersuchung war der Entwicklungsquotient bei dieser Gruppe auf besorgniserregende 45 zurückgegangen!

Ähnliche Untersuchungen sind von Dr. Fritz Ridel, Dr. David Wineman und Dr. Karl Menninger durchgeführt worden. Sie alle zeigen, daß menschliche Zuwendung und ein gut entwickeltes Gemeinschaftsgefühl positive Auswirkungen auf Wachstum und Entwicklung des einzelnen haben. Einen sehr interessanten und viel eingehenderen Bericht über diese und zahlreiche ähnliche Untersuchungen finden wir in einem faszinierenden Aufsatz von Ashley Montagu in *Phi Delta Kappa*, Mai 1970.

Es hat daher den Anschein, daß das Kleinkind die subtile Dynamik der Liebe zwar noch nicht kennt oder begreift, aber bereits ein so starkes Bedürfnis danach hat, daß der Mangel an menschlicher Zuwendung sein Wachstum und seine Entwicklung beeinträchtigen und sogar zu seinem Tode führen kann. Dieses Bedürfnis ist beim Erwachsenen nicht geringer. In vielen Fällen wird das Bedürfnis, die Gemeinschaft mit anderen und die gegenseitige Liebe zu erleben, zur stärksten Antriebskraft und zum Ziel im Leben des einzelnen. Man weiß heute, daß ein Mangel an Liebe die Hauptursache für ernste Neurosen und sogar Psychosen bei Erwachsenen ist.

Vor einigen Jahren habe ich meine Sonntagabende bei einem Rundfunksender in Los Angeles zugebracht, der Hörerfragen beantwortete. Der Sender verfügte über eine eigene Leitung zum Fernsprechnetz der Stadt. Wir saßen zu zweit in einer kleinen schalldichten Glaszelle, die mit elektronischen Geräten vollgestopft war. Draußen an der Vermittlung bediente ein junges Mädchen sechs verschiedene Anschlüsse. Von 19 bis 20 Uhr beantworteten wir die Anfragen uns fremder Stimmen aus der Stadt. Die Leitungen waren ständig besetzt. Jeweils ein Anrufer sprach mit uns, und fünf andere warteten. Das Thema war die Liebe. Interessanterweise ging es in den meisten Anrufen um Einsamkeit, die Unfähigkeit, andere zu lieben, die Unsicherheit im Kontakt mit anderen Menschen und die Furcht vor der Liebe, weil man nicht riskieren wollte, verletzt zu werden. Von den Hunderten von Anrufern war jeder einzelne bereit zu lieben, aber keiner von ihnen wußte, wie er es tun sollte. Ein junger Mann sagte:»Ich bin ganz allein in einem kleinen Apartment an der Melrose Avenue. In dieser Straße leben alle möglichen Menschen ebenso wie ich, jeder in seinem eigenen Apartment, und wir alle sehnen uns danach, einander kennenzulernen, aber niemand weiß, wie er die Mauern niederreißen soll. Was ist eigentlich mit uns los?«

Die Furcht vor dem Alleinsein und der Mangel an Liebe ist für die meisten von uns so groß, daß es sogar möglich erscheint, wir könnten Sklaven dieser Furcht werden. Wenn das so ist, dann sind wir sogar bereit, unser wahres Selbst aufzugeben und alles zu opfern, um den Wünschen der anderen zu entsprechen, weil wir hoffen, auf diese Weise die intimen Beziehungen mit anderen Menschen herstellen zu können, die wir so dringend brauchen.

Es gibt ein beliebtes Broadway-Musical mit dem Titel *Company*. Darin kommt zum Ausdruck, daß der einzige Grund für das Streben nach Liebe und Ehe die Sehnsucht des Menschen nach Gesellschaft sei, und jede Gesellschaft sei besser als gar nichts. In *Wild Palms*[1] sagt William Faulkner: »Wenn ich zwischen Schmerzen und dem Nichts wählen müßte, dann würde ich mich für die Schmerzen entscheiden.« Diese Ansicht wird von den meisten Menschen geteilt.

Ein Kind wird auch die unvernünftigsten Erziehungsmaßnahmen hinnehmen, wenn es sich damit der Liebe seiner Eltern versichern kann. Der Heranwachsende wird seine Identität aufgeben und auf sein Selbst verzichten, um als Mitglied einer Gruppe anerkannt zu werden. Er wird sich anziehen wie seine Vorbilder, die gleiche Haartracht tragen, die gleiche Musik hö-

---

[1] Deutsche Ausgabe: Wilde Palmen, Suhrkamp, Frankfurt 1970.

ren, die gleichen Tänze tanzen und die gleiche Haltung einnehmen. Als Erwachsene stellen wir fest, daß wir am ehesten akzeptiert werden, wenn wir uns denen anpassen, von denen wir akzeptiert werden wollen, und deshalb tun wir es. Wir fangen an, Bridge zu spielen, wir lesen die gleichen Bestseller, wir geben die gleichen Cocktail-Partys, bauen ähnliche Häuser, kleiden uns nach der von der Gruppe akzeptierten Mode und haben dann das Gefühl, der Gemeinschaft anzugehören und uns gegen unangenehme Überraschungen abgesichert zu haben. Wenn wir die ersten Beziehungen zum anderen Geschlecht anknüpfen und uns verlieben, dann verändern wir uns radikal, um dem Menschen zu gefallen, den wir lieben, wie es in dem Schlager heißt: »Ihm gefällt lockiges Haar, mir hat es nie gefallen, aber ihm gefällt lockiges Haar, darum ist es jetzt für mich das Schönste.«

Wenn wir alt geworden sind, begeben wir uns entweder freiwillig oder unfreiwillig in eine künstliche Umwelt, die für alte Menschen geschaffen wurde, um der Welt der Jungen zu entfliehen, wo wir augenscheinlich niemandem mehr etwas nützen oder sogar unerwünscht sind. Wir leben dann in einer Welt, in der wir uns wieder mit einer bestimmten Gruppe identifizieren können.

Wenn wir es auch noch so energisch bestreiten: Wir müssen feststellen, daß wir in jedem Lebensalter auf andere zugehen – auf die Eltern, solange wir Kinder sind; auf unsere gleichaltrigen Vorbilder, wenn wir heranwachsen; auf potentielle Sexualpartner als junge Erwachsene; auf die uns entsprechenden gesellschaftlichen Gruppen, wenn wir erwachsen geworden sind, und auf Gruppen von Menschen, die das Berufsleben hinter sich gelassen haben, wenn wir ein höheres Alter erreicht haben – und so geht es weiter bis zum Tod.

Wir brauchen andere. Wir brauchen sie, um sie zu lieben und von ihnen geliebt zu werden. Ohne Zweifel würden wir ohne diese Beziehungen wie ein von seiner Mutter verlassenes Kleinkind aufhören zu wachsen, uns nicht mehr weiterentwickeln, verrückt werden und schließlich sterben.

3.
Eine Frage der Definition

»Die Liebe ist langmütig und freundlich, die Liebe eifert nicht, die Liebe treibt nicht Mutwillen, sie blähet sich nicht auf, sie stellt sich nicht ungebärdig, sie sucht nicht das Ihre, sie läßt sich nicht erbittern, sie rechnet das Böse nicht an, sie freut sich nicht der Ungerechtigkeit, sie freut sich aber der Wahrheit; sie verträgt alles, sie glaubt alles, sie hofft alles, sie duldet alles. Die Liebe hört nimmer auf. Nun aber bleibt Glaube, Hoffnung, Liebe – diese drei; aber die Liebe ist die Größte unter ihnen.«

1. Korinther 13

Im allgemeinen überläßt man es den Dichtern, Philosophen und heiligen Männern, sich mit der Liebe zu beschäftigen. Die Wissenschaftler scheinen dieses Thema zu scheuen. Abraham Maslow sagt: »Es ist erstaunlich, wie wenig die empirischen Wissenschaften zum Thema Liebe zu sagen haben. Besonders eigenartig mutet uns das Schweigen der Psychologen an. Manchmal ist es nur traurig oder verwirrend wie im Falle der Lehrbücher über Psychologie und Soziologie, denn keines von ihnen behandelt dieses Thema.«

Der angesehene Soziologe Pitirim Sorokin aus Harvard sagt in seinem Buch *The Ways and Power of Love*, warum die Wissenschaftler es nach seiner Auffassung so lange vermieden haben, das Thema Liebe zu behandeln: »Der Verstand weigert sich entschieden, an die Macht der Liebe zu glauben. Sie erscheint uns irgendwie illusorisch. Wir bezeichnen sie als eine Selbsttäuschung, als ein Betäubungsmittel, als idealistischen Unsinn und unwissenschaftlichen Irrglauben. Wir sind voreingenommen gegen alle Theorien, welche die Macht der Liebe und anderer positiver Kräfte nachzuweisen suchen, die das menschliche Verhalten und die Persönlichkeit dadurch bestimmen, daß sie den Verlauf der biologischen, sozialen, mentalen und moralischen Evolution beeinflussen, historischen Ereignissen die Richtung weisen und soziale Einrichtungen sowie die kulturelle Entwicklung gestalten. Für die Ratio scheinen sie nicht überzeugend, unwissenschaftlich und von Vorurteilen und Aberglauben belastet zu sein.«

So schweigen sich die Wissenschaft und die Wissenschaftler zu diesem Thema aus. Einige erkennen die Liebe als eine Realität an, während andere sie nur als eine phantastische Konstruktion betrachten, die dem an sich sinnlosen Leben einen *Sinn* geben soll. Es gibt sogar Wissenschaftler, welche die Liebe als etwas ganz und gar Pathologisches verdammen.

Zweifellos ist es nicht leicht, sich mit dem Thema Liebe auseinanderzusetzen. Wenn man sich damit beschäftigt, begibt man sich vielleicht auf »einen Weg, den zu betreten sogar die Engel sich scheuen«. Aber doch ist es lächerlich, daß die Sozialwissenschaftler eine das Leben so stark beeinflussende Kraft ignorieren, daß sie sich weigern, sie näher zu untersuchen und sie sogar abwerten.

Diese Ablehnung läßt sich möglicherweise auf semantische Ursachen zurückführen. Es gibt vielleicht kein einziges Wort, das so häufig mißbraucht worden ist wie das Wort Liebe. Der romantische französische Dichter François Villon beklagt die Tatsache, daß wir ständig »das bedauernswerte Wort Liebe herabwürdigen und auf das Niveau der Küche und unserer profansten Wünsche hinunterziehen«. Der Mensch kann Gott »lieben«, aber er »liebt« auch Apfelkuchen oder eine Fußballmannschaft. »Liebe« kann für ihn ein Opfer oder die Abhängigkeit von einem anderen Menschen bedeuten. »Liebe« kann es für ihn unter Umständen nur in der Beziehung zwischen Mann und Frau geben, oder er bezeichnet die sexuellen Beziehungen als »Liebe«. Andererseits ist die Liebe für manche nur Ausdruck heiliger Reinheit.

Als Individuen sind wir verpflichtet, uns eine bestimmte Vorstellung von der Bedeutung des Wortes Liebe zu machen, bevor wir näher auf diesen Begriff eingehen können. Wie schon gesagt, ist das keine leichte Aufgabe, und oft geben wir uns damit zufrieden, nur sehr oberflächlich über dieses Problem nachzudenken. Es erscheint uns unter Umständen sogar unmöglich, dieser Aufgabe gerecht zu werden, weil die Liebe ein so umfassender Begriff ist. Es scheint für den Wissenschaftler deshalb bequemer, dieses Thema ganz zu ignorieren.

So hat sich denn der Heilige der Liebe bemächtigt und definiert sie als einen ekstatischen Zustand. Der Dichter sieht in ihr den Zustand der übermäßigen Freude oder der Desillusionierung. Der Philosoph wiederum versucht, die Liebe nach seiner rationalen, schrittweise vorgehenden und oft obskuren Art zu analysieren. Es scheint jedoch, daß sich die Liebe in keine dieser Formen pressen läßt, denn sie könnte unter Umständen alles auf einmal sein: ein ekstatischer Zustand, ein Zustand der Freude, ein Zustand der Desillusionierung, ein rationaler oder ein irrationaler Zustand.

Die Liebe ist vielschichtig, ja vielleicht zu vielschichtig, um definitive Aussagen über sie zu machen. Wer also den Versuch unternimmt, sie zu definieren, gerät in die Gefahr, verschwommen oder nebulös zu werden und nicht ans Ziel zu gelangen.

Wir haben schon gesagt, daß jeder Mensch die Liebe auf ganz individuelle und einzigartige Weise lernt und daß dieser Lernprozeß niemals aufhört. Wenn wir erwarten, daß jemand dieses Wort, wenn es von einem anderen verwendet wird, anders als in einem ganz allgemeinen Sinn versteht, dann erwarten wir ein Wunder. Wenn jemand sagt, »ich liebe Apfelkuchen«, dann wird niemand daran zweifeln, was damit gemeint ist: Er empfindet den Geschmack von Apfelkuchen als überaus angenehm. Aber wenn derselbe Mensch einem anderen sagt, »ich liebe dich«, dann wäre das etwas ganz anderes. Wir wären geneigt zu fragen: »Was meint er damit? Liebt er meinen Körper? Meinen Geist? Liebt er mich jetzt in diesem Augenblick? Wird er mich immer lieben?« Ein Student in meinem Liebesseminar brachte genau diesen Gedanken zum Ausdruck, als er sagte: »Wenn man einem Freund oder einer Geliebten sagt,

›ich liebe dich‹, dann liegt der Unterschied darin, daß der Freund genau weiß, was man gemeint hat.«

Der Leser, der mir bis hierher gefolgt ist, wird erkannt haben, daß die Definition der Liebe ein gewaltiges Problem darstellt, weil man in der Liebe wächst und die Definition des einzelnen sich deshalb ständig verändert und erweitert. Es gibt jedoch gewisse Dinge, die man über die Liebe aussagen kann; gewisse allgemeine Elemente, die sich untersuchen lassen und mit deren Hilfe man die Begriffe klären kann, die hier zur Diskussion stehen. Ich habe dieses Buch geschrieben, um meinen Lesern einige meiner Gedanken zu den verschiedenen Aspekten der Liebe mitzuteilen.

Liebe ist eine erlernbare emotionale Reaktion. Sie ist die Reaktion auf eine erlernte Gruppe von Reizen und Verhaltensweisen. Wie alle erlernten Verhaltensweisen wird sie hervorgerufen durch die gegenseitige Beeinflussung des Lernenden und seiner Umwelt, der Lernfähigkeit des einzelnen und des Typs und der Intensität des jeweils auslösenden Faktors. Das heißt, es kommt darauf an, welche Menschen reagieren, wie sie reagieren und mit welcher Intensität sie auf die vom Liebenden zum Ausdruck gebrachte Liebe reagieren.

Liebe ist eine dynamische gegenseitige Beeinflussung. Wir erleben sie in jeder Sekunde unseres Lebens, und sie wird in jedem einzelnen Leben erlebt. Deshalb finden wir sie jederzeit und überall. Aus diesem Grunde gefällt mir nicht der englische Ausdruck »to fall *in* love« (in die Liebe fallen – sich verlieben). Ich glaube nicht, daß man *in* die Liebe hinein- oder *aus* ihr herausfallen kann. Man lernt, auf eine bestimmte Weise mit einer bestimmten Intensität auf einen ganz besonderen Reiz zu reagieren. Diese Reaktion ist der sichtbare Nachweis dafür, daß dieser Mensch liebt. Er besitzt nicht mehr Liebe, in die er »hineinfallen« oder aus der er »herausfallen« könnte, als das, was in ihm lebt und was sein Handeln in jedem Augenblick seines Lebens bestimmt. Ich hielte es für richtiger zu sagen, man *wächst* in die Liebe hinein. Je mehr man lernt, desto mehr Möglichkeiten ergeben sich dafür, die Verhaltensweisen zu ändern, mit denen man reagiert, und damit die Liebesfähigkeit zu erweitern.

Entweder *wächst* der Mensch ständig in der Liebe, oder er stirbt. Deshalb werden sich seine Taten ebenso wie seine Reaktionen im Verlauf seines ganzen Lebens ständig verändern.

Wenn man wissen will, was Liebe ist, dann muß man die Liebe leben; sie muß das eigene Handeln bestimmen. Über die Liebe nachzudenken und zu reden oder tiefgründige Gespräche über sie zu führen, ist gut und schön, aber schließlich werden wir dabei keine befriedigenden Antworten finden. Gedanken, Vorlesungen und Diskurse über die Liebe haben nur dann einen Wert, wenn uns die dabei erörterten Fragen zum Handeln veranlassen. Man wird die Liebe nur mit frischen Einsichten lernen, mit jeder neuen Erkenntnis, die man in die Tat umsetzt und auf die man reagiert, aber das Wissen allein hat keinen Wert. Rilke sagt ganz richtig, man müsse in der Liebe selbst eines Tages die Antwort finden. Mit anderen Worten, man *erlebt* die Fragen, aber um die Fragen zu erleben, muß man sie auch stellen.

Wer die Fragen erlebt, wird viele Wahrheiten über die Liebe lernen, darunter auch, daß die Liebe kein Ding ist. Sie ist keine Ware, die man gegen etwas anderes eintauschen, die man kaufen oder verkaufen könnte, und sie kann einem auch von niemandem aufgezwungen werden. Sie läßt sich nur freiwillig verschenken. Wenn sich ein Mensch dazu entschließt, seine Liebe unter alle anderen Menschen zu verteilen, dann steht es ihm frei, das zu tun. Wenn er sich aber entscheidet, sie nur ganz wenigen zu geben, dann hat er auch diese Möglichkeit. Seine Liebe gehört ihm allein, und es steht ihm frei, wie und wem er sie schenken will.

Es gibt käufliche Menschen; sie verkaufen Körper und Geist im Namen der Liebe. Aber wer glaubt, daß Liebe wirklich käuflich sei, täuscht sich selbst. Man kann den Körper, die Zeit und den irdischen Besitz eines anderen Menschen kaufen, aber seine Liebe läßt sich nicht kaufen. Man kann so tun, als habe die Liebe, die man zu vergeben hat, einen Preis. Dazu gehört eine schauspielerische Begabung, ja fast eine Kunst, die viele so weit perfektioniert haben, daß niemand den Betrug merkt. Aber dieses Spiel mit der Liebe ist kein leichtes Spiel. Der Preis ist hoch und lohnt nie den Gewinn.

*Man fällt nicht in die Liebe hinein oder aus der Liebe her-
aus. Man wächst in der Liebe.*

Liebe läßt sich nicht erobern oder an eine Wand anketten. Die Liebe schlüpft durch die Ketten. Wenn die Liebe eine andere Richtung nehmen will, dann geht sie, und alle Gefängnisse, alle Wächter, Ketten oder Hindernisse der Welt sind nicht stark genug, sie auch nur für eine Sekunde aufzuhalten. Wenn ein menschliches Wesen nicht mehr in der Liebe zu einem anderen wachsen will, dann kann der andere die verschiedensten Rollen spielen, um den Liebenden zu halten. Er kann zum Schurken werden und den anderen bedrohen; er kann ihm großzügige Geschenke anbieten; er kann zum Intriganten werden und im anderen Schuldgefühle wecken; er kann ihn durch Listen zum Bleiben veranlassen oder sein eigenes »Selbst« verändern, um die Bedürfnisse des anderen zu erfüllen. Doch was er auch tut, die Liebe des anderen ist vergangen, und er wird trotz aller Anstrengungen nur einen leeren Körper bekommen, aus dem die Liebe geflohen ist – der andere ist praktisch für ihn gestorben. Deshalb wird er für all seine Mühen damit bezahlen müssen, daß er sich sein ganzes Leben verzweifelt an seine Liebe klammert und sie an einen leblosen, von der Liebe entleerten menschlichen Körper verschwendet. So abstoßend das auch erscheinen mag, wir finden es überall, und oft geschieht es aus dem Streben nach Sicherheit, Ruhm oder Geld. Die Dynamik wird noch grotesker, wenn man überlegt, daß diese in die Sackgasse geratene Beziehung dem Liebenden jede Möglichkeit nimmt, weiter zu wachsen. Zu lieben bedeutet mit offenen Armen dastehen. Mit offenen Armen erlaubst du der Liebe, zu kommen und zu gehen, wie sie will, in aller Freiheit, denn sie wird es ohnedies tun. Wenn du die Liebe in die Arme nimmst, wirst du feststellen, daß du dich nur selbst umarmst.

In irgendeiner Form und Intensität gibt es die Liebe in jedem zivilisierten Menschen. Ein Fundament für die Liebe und das Potential für das Wachsen in der Liebe ist ebenfalls in jedem Menschen vorhanden. Die Liebe ist deshalb ein Vorgang, in dessen Verlauf wir auf etwas bauen, was schon vorhanden ist. In keinem Menschen gibt es die vollkommene Liebe. Es bleibt immer Raum für weiteres Wachstum. Zu jedem Zeitpunkt im Leben eines Menschen befindet sich seine Liebe auf einer anderen Entwicklungsebene und im Prozeß des Werdens. Es wäre töricht, wenn jemand glauben wollte, seine Liebe sei jemals vollständig verwirklicht oder aktualisiert. Die vollkommene Liebe ist etwas ganz Seltenes. Wir müssen uns fragen, ob es je einem Menschen gelungen ist, dieses Ziel zu erreichen. Das heißt nicht, daß es nicht möglich sei und wir nicht hingebungsvoll danach streben sollen. Es ist sogar unsere größte Herausforderung, *denn die Liebe und das Selbst sind eins, und die Entdeckung des einen ist die Verwirklichung beider.*

Wir müssen erkennen, daß es nicht verschiedene »Arten« der Liebe gibt. Es gibt nur eine Art Liebe. Liebe ist Liebe. Nur was wir von der Liebe erkannt haben, können wir von ihr wissen, zum Ausdruck bringen und handelnd verwirklichen. Der Mensch tut das auf jeder Stufe seines Wachstums. Darin ist er wie ein Kind. Wenn er geboren wird, weiß er nur wenig von der Liebe und verteilt sie gleichmäßig. Wenn die Liebe in ihm wächst und das Wissen zunimmt, macht er Unterschiede und stellt fest, wie die einzelnen Gegenstände auf seine Liebe reagieren. Er liebt sein Fläschchen, aber auch seine Mutter. Die Mutter reagiert deutlicher, und diese Reaktion befriedigt ihn mehr als die des Fläschchens. Deshalb wächst die Liebe zur Mutter stärker. Es gibt Unterschiede in der Intensität der Liebe, aber nur eine Art von Liebe.

Im Lauf der Zeit stellt der Mensch fest, daß Liebe Vertrauen bedeutet. Die Erfahrung scheint uns zu lehren, daß nur Narren den Menschen und Dingen vertrauen, daß nur Narren alles glauben und akzeptieren. Wenn das wahr ist, dann ist die Liebe im höchsten Grade töricht, denn wenn sie sich nicht auf Vertrauen, Glauben und Anerkennung stützt, ist es keine Liebe. Erich Fromm hat gesagt: »Liebe ist Hingabe ohne Garantie; wir liefern uns völlig aus in der Hoffnung, daß unsere Liebe die Liebe in der geliebten Person wecken wird. Liebe ist ein Akt des Glaubens, und der Kleingläubige wird auch schwach in der Liebe sein.« Die vollkommene Liebe wäre eine Liebe, die alles gibt und nichts erwartet. Natürlich wäre sie bereit und entzückt, alles anzunehmen, was ihr angeboten wird, je mehr, desto besser. Aber sie würde nichts verlangen. Denn wenn man nichts erwartet und nichts verlangt, kann man nie hintergangen oder enttäuscht werden. Nur wenn die Liebe etwas fordert, verursacht sie uns Schmerzen.

Das klingt sehr einleuchtend und einfach, ist aber in der Praxis ungeheuer schwierig. Nur wenige von uns sind so stark, so nachsichtig, so vertrauensvoll, daß sie geben könnten, ohne eine Gegenleistung zu erwarten. Das darf uns nicht überraschen, denn wir lernen von frühester Kindheit an, für jedes Bemühen mit einer Belohnung zu rechnen. Wenn wir arbeiten, verlangen wir einen entsprechenden Lohn, oder wir lösen das Arbeitsverhältnis auf. Wenn wir Pflanzen und Bäume in unseren Garten setzen, erwarten wir Blüten und Früchte, und wenn unsere Erwartungen nicht erfüllt werden, reißen wir das Gepflanzte wieder aus. Wenn wir für eine bestimmte Aufgabe Zeit aufwenden, erwarten wir einen gewissen Erfolg und wollen dafür gelobt werden, andernfalls werden wir uns weigern, das gleiche noch einmal zu tun. Eine greifbare Belohnung ist sogar oft der einzige Anreiz zum Lernen.

Aber mit der Liebe ist es anders. Liebe ist es nur, wenn wir keine Gegenleistung erwarten. Wir können zum Beispiel nicht verlangen, daß jemand, den wir lieben, uns wiederliebt. Allein die Vorstellung ist lächerlich. Und doch leben die meisten Menschen unbewußt in dieser Erwartung. Wenn du wirklich liebst, dann hast du keine andere Wahl als zu glauben, zu vertrauen, zu akzeptieren und zu hoffen, daß deine Liebe erwidert werden wird. Aber du kannst niemals damit rechnen, es gibt keine Garantie dafür. Wer mit dem Geschenk seiner Liebe wartet, bis er genau weiß, daß er wiedergeliebt werden wird, kann bis in alle Ewigkeit vergeblich warten. Wer überhaupt irgendwelche Erwartungen an seine Liebe knüpft, wird mit Sicherheit schließlich enttäuscht werden, denn kaum jemand kann alle seine Bedürfnisse befriedigen, auch dann nicht, wenn die Liebe zu dem anderen Menschen sehr groß ist.

Wir lieben, weil wir es wollen, weil es uns Freude macht, weil wir wissen, daß unser eigenes Wachstum und die Entdeckung unseres eigenen Ichs davon abhängen. Wir wissen, daß die einzige Bestätigung in uns selbst liegt. Wer Vertrauen zu sich

Die Liebe bietet sich uns als ein immerwährendes Fest-mahl an.

selbst hat und an sich selbst glaubt, wird auch anderen Vertrauen und Glauben entgegenbringen. Er wird bereitwillig alles annehmen, was andere ihm geben können, aber er kann sich nur dessen sicher sein und darauf verlassen, was in ihm selbst liegt.

Der Buddhist sagt: Wer auf seine Wünsche verzichtet hat, befindet sich auf dem Weg zur Erleuchtung. Vielleicht können wir diesen beneidenswerten Zustand des inneren Friedens nie erreichen, aber in dem Ausmaß, in dem wir ohne Verlangen und ohne Erwartungen (außer an uns selbst) leben können, befreien wir uns von Illusionen und Enttäuschungen. Wenn wir von anderen etwas erwarten, weil es unser Recht ist, dann müssen wir damit rechnen, enttäuscht zu werden. Andere können und werden uns nur geben, was sie besitzen, und nicht, was wir von ihnen verlangen. Wenn du aufhörst, an deine Liebe Bedingungen zu knüpfen, dann hast du einen großen Schritt auf dem Wege zum Erlernen der Liebe getan.

Wer nach Liebe verlangt, wird feststellen, daß die Liebe geduldig ist. Der Liebende weiß, daß jeder Mensch sein Wissen um die Liebe vermehren kann und daß ihn dieses Wissen näher zu sich selbst bringt. Er weiß auch, daß die Menschen verschiedene Vorstellungen von der Liebe haben und verschiedene Erfahrungen mit ihr machen. Es ist ein erregender Gedanke für ihn, daß jede menschliche Beziehung darin besteht, sich gegenseitig zu zeigen, wieviel man von der Liebe weiß. Der Liebende weiß, daß die Fähigkeit zu lieben in jedem Menschen unerschöpflich ist, aber diese Fähigkeit wird in jedem einzelnen in anderer Weise zum Ausdruck kommen. Jeder Mensch hat seinen eigenen Wachstumsrhythmus, er wächst auf seine Weise, zu seiner Zeit und findet dabei zu seinem eigenen und einzigartigen Selbst. Es hat deshalb keinen Sinn, ihn zu schelten, zu verurteilen, ihn zu warnen, etwas von ihm zu fordern oder vorauszusetzen. Die Liebe muß geduldig sein. Die Liebe wartet. Das soll nicht heißen, daß die Liebe, weil wir es für notwendig halten, passiv zuschaut, wie der andere wächst. Die Liebe ist aktiv, nicht passiv. Sie bemüht sich ständig darum, neue Türen und Fenster zu öffnen, um neue Ideen und Fragen hereinzulassen.

Die Liebe läßt den anderen an ihrer Erkenntnis teilnehmen und schafft Gelegenheiten, das Erlernte in die Praxis umzusetzen. Sie deckt dir den Tisch mit den erlesensten Speisen, aber sie kann niemanden zum Essen zwingen. Sie gewährt jedem die Freiheit, je nach seinem Geschmack auszuwählen oder zurückzuweisen. Die Liebe bietet sich selbst als Speise an und weiß, je mehr der Geliebte davon in sich aufnimmt, desto mehr wird er sich kräftigen. Die Liebe übersättigt nicht. Je mehr Menschen an den Tisch des Liebenden kommen, desto mehr hat er anzubieten. Das Potential der Liebe hat keine Grenzen.

In jedem einzelnen Menschen manifestiert sich die Liebe auf andere Weise. Von anderen zu erwarten, sie sollten in diesem Augenblick ebenso lieben wie du, ist unrealistisch. Nur du bist du selbst und kannst deshalb so lieben, Liebe verschenken und Liebe fühlen, wie du es tust. Das Abenteuer liegt in der Entdeckung der Liebe in dir und in anderen. Es liegt darin, zu beobachten, wie sich die Liebe in anderen manifestiert, wie sie sich zart und wunderbar, sanft und behutsam entfaltet.

Die Liebe fürchtet sich nicht vor Gefühlen und verlangt nach Ausdruck. In den verschiedenen Kulturen bringen die Menschen ihre Emotionen auf verschiedene Weise zum Ausdruck. Es gibt Kulturkreise, in denen es üblich ist, daß die Familienangehörigen eines Verstorbenen bei dessen Beisetzung weinen. Ihre Freunde wären überrascht und schockiert, wenn sie es nicht täten. Bei anderen Völkern begegnet man dem Tode ruhig und gelassen, und es wäre unschicklich, Emotionen zu zeigen. In Amerika lernen zum Beispiel die meisten Kinder, ihre Emotionen zu »kontrollieren«, ihre Gefühle für sich zu behalten. Jede Überschwenglichkeit wie lautes Lachen oder Schluchzen wird als Zeichen der Unreife angesehen. Nur Babys dürfen weinen.

Den Erwachsenen fällt es deshalb oft schwer, starken Gefühlen wie der Liebe Ausdruck zu verleihen. Der Erwachsene hat auch Schwierigkeiten, seine Gefühle in Worte zu fassen; entweder fehlen ihm die Worte, oder er hat keine Übung darin. Man sagt, in den romanischen Ländern könnten Liebende ihre Gefühle mit jeder neuen Liebe in poetischer Form zum Ausdruck bringen. Das zeigt sich in der Fülle der emotionsgeladenen Worte in den romanischen Sprachen. Da sind vor allem die französische, italienische und spanische Sprache. Die Worte werden oft von lebhaften Gesten begleitet und mit leidenschaftlicher Betonung gesprochen, was ihren emotionalen Inhalt unterstreicht. In vielen Fällen erkennt man den Inhalt dessen, was gesagt wird, ohne ein einziges Wort verstanden zu haben, wenn man die Personen, die so miteinander sprechen, beobachtet.

Jeder Mensch ist starker Gefühle fähig. Ohne ein intensives Gefühlsleben wären wir keine Menschen. Es ist unnatürlich, seine Gefühle zu verbergen, aber man kann es lernen. Die Liebe lehrt den Menschen zu zeigen, was er fühlt. Die Liebe läßt sich nicht wahrnehmen oder spüren, ohne daß sie sich nach außen manifestiert.

Wenn ich meine Verwandten in Italien besuche, gibt es keinen Zweifel an ihrer Liebe, die sie in so herzlicher und gefühlvoller Weise zum Ausdruck bringen. Ich spüre sofort ihre Erregung und Freude über mein Kommen. Sie überschütten mich mit freundlichen Worten, Liebesbeteuerungen, Umarmungen und Küssen und zeigen mir damit ihre Zuneigung. Das ist herzerfrischend und eine große Freude für mich. In einer solchen Atmosphäre bin ich aufgewachsen. Die Angehörigen meiner Familie haben ihre Gefühle immer ganz offen gezeigt. Aber es ist verständlich, daß ein solcher Überschwang auf Menschen, die das nicht gewohnt sind, furchterregend und sogar bedrückend wirken kann.

In unserer Zivilisation fließen kaum noch Tränen. Für einen Mann gilt es als unschicklich zu weinen, und sogar Frauen, die Tränen vergießen, werden als »überschwenglich« angesehen. Deshalb sehen wir uns gezwungen, im stillen Kämmerlein zu weinen, und riskieren damit, für »neurotisch« oder »exzentrisch« gehalten zu werden.

Ich habe vor einiger Zeit die Aufführung des Musicals *Man From La Mancha* erlebt. Es ist eine Nachdichtung des Romans von Cervantes, *Don Quixote*. Das tragische Schicksal des armen, mißverstandenen und unwürdig behandelten Ritters bewegte mich tief. Es fiel mir nicht schwer, sein Verlangen nach der Wiederentdeckung des Schönen, des Romantischen und des Guten in einer Welt zu verstehen, in der diese Werte nicht mehr zu gelten schienen. In der Sterbeszene richtete sich Don Quixote, umgeben von denen, die er liebte, noch einmal auf, griff nach seiner Lanze und zeigte sich bereit, zum letzten Mal für die Liebe seiner Dulcinea Windmühlen zu attackieren. Diese Szene beeindruckte mich so sehr, daß mir die Tränen die Wangen hinunterliefen. Eine neben mir sitzende Frau stieß ihren Mann an und flüsterte verwundert: »Sieh einmal, Honey, der Mann weint!« Als ich das hörte, nahm ich mein Taschentuch heraus, schneuzte mich vernehmlich und schluchzte weiter. Augenscheinlich konnte sie es nicht fassen, daß ein erwachsener Mensch weinte, und deshalb bin ich überzeugt, daß sie bis heute keine Ahnung hat, wie das Stück endete. Die Liebe fürchtet sich nicht vor Gefühlen.

Physisch haben wir uns als menschliche Wesen noch mehr voneinander distanziert. In ganz Europa und Asien küssen sich Frauen und Männer; sie umarmen einander, gehen Hand in Hand und Arm in Arm. Es gibt Städte in den Vereinigten Staaten, in denen man mit einem solchen Verhalten öffentliches Ärgernis erregt und dafür mit Gefängnis bestraft werden kann. Frauen dürfen sich gegenseitig berühren, aber für Männer ist es von Kindheit an streng verboten. Und doch bietet uns das gegenseitige Berühren eine Kommunikationsmöglichkeit, mit der wir oft mehr sagen können als mit Worten. Wenn ich einen anderen umarme oder ihm die Hand auf die Schulter lege, sage ich ihm: »Ich sehe dich«, »ich fühle mit dir«, »ich habe dich gern.« Ich habe Menschen weinen sehen, während die Umstehenden peinlich berührt zusahen. Irgend jemand wird dem Weinenden vielleicht sein Taschentuch anbieten. Daß er ihn aber in die Arme nimmt, kommt sehr selten vor.

Die Teilnehmer an meinem Liebesseminar bringen oft ihre Babys oder ihre Hunde mit. Ein junges Mädchen hat dabei einmal gesagt: »Es ist wirklich komisch, aber niemand zögert, ein Baby zu berühren oder einen fremden Hund zu streicheln oder in den Arm zu nehmen. Und manchmal sitze ich hier und sterbe vor Verlangen, daß irgend jemand mich berührt, aber niemand tut es.« Darauf kroch sie auf allen vieren im Zimmer herum, und natürlich wurde ihr Wunsch erfüllt. Schließlich meinte sie, vielleicht sei es notwendig zu sagen, wonach man sich sehnt, aber in Wirklichkeit sei das doch eine Schande: »Ich glaube, wir wagen es nicht, den anderen zu sagen, daß wir alle uns danach sehnen, berührt zu werden, weil wir fürchten, falsch verstanden zu werden. Deshalb ziehen wir uns in die Einsamkeit zurück und bleiben körperlich isoliert.« Die Liebe verlangt danach, körperlich zum Ausdruck zu kommen.

Die Liebe lebt in der Gegenwart. Die meisten Menschen leben entweder im Gestern oder arbeiten eifrig für das Morgen. Sie erinnern sich gern an die »gute alte Zeit« und versuchen, in der Gegenwart die Sicherheit der Vergangenheit zu finden. Aber sie stellen sehr bald fest, daß sie dabei nicht von der Stelle kommen, und erkennen nicht, daß der Stillstand in unserer schnellebigen Welt Rückschritt bedeutet, und Rückschritt bedeutet den Tod. Die Vergangenheit ist tot, sie ist unwirklich. Ihr einziger Wert liegt in ihren Auswirkungen auf den Augenblick.

Andere leben für das Morgen. Sie sammeln Reichtümer und rühren sie nicht an. Sie verzichten darauf, sich heute etwas Gutes zu tun, und geben große Summen für ihre Lebensversicherungen aus. Ihr ganzes Leben ist auf irgendeine nebulöse Zukunft oder sogar auf den Tod gerichtet. Sie sorgen sich so sehr um das Zukünftige, daß das Leben jeden Sinn für sie verliert. Sie vergessen, daß es keine endgültigen Ziele gibt. Wenn sie ein Ziel haben und es erreichen, dann finden sie ein neues, das an die Stelle des alten tritt. Und das Morgen, für das sie ihre Pläne schmieden, kommt nie. Dieses Morgen kommt erst mit dem Tode. Das Leben ist kein Ziel, sondern ein Weg. Thoreau sagt: »Es kommt darauf an, unterwegs zu sein, nicht aber auf das Ankommen. Mein Gott, an die Schwelle des Todes gekommen zu sein und dann feststellen zu müssen, daß du nie gelebt hast!« Wer daher nur in der Unwirklichkeit lebt, hat es entweder mit der toten Vergangenheit oder der Zukunft zu tun, die niemals kommt.

*Die Liebe hat nur dann eine Bedeutung, wenn sie im
»Jetzt« erfahren wird.*

Es gibt nur den Augenblick, das Jetzt. Nur was du in dieser Sekunde erlebst, ist Wirklichkeit. Das heißt nicht, lebe für den Augenblick. Es heißt, *erlebe* den Augenblick. Und das ist etwas ganz anderes. Die Vergangenheit hat ihren Wert. Schließlich hat sie dich dort hingebracht, wo du heute stehst. Auch die Zukunft hat ihren Wert, aber er liegt in einem Traum, denn wer kann sagen, was morgen geschehen wird? Nur die Gegenwart hat einen wirklichen Wert, denn sie ist hier. Die Liebe weiß das. Sie blickt nicht zurück. Sie hat die Vergangenheit erlebt und das Beste daraus mitgenommen. Sie blickt auch nicht in die Zukunft. Sie weiß, daß der Traum vom Morgen auf sie wartet und vielleicht niemals in Erfüllung geht. Die Liebe ereignet sich jetzt! Nur im »Jetzt« ist die Liebe eine Realität. Die Liebe hat nur eine Bedeutung, wenn sie *jetzt* erfahren wird. Wer eine Blume betrachtet, ist eins mit der Blume. Wer ein Buch liest, ist ganz davon gefangengenommen. Wer Musik hört, gibt sich ihren Tönen hin. Wer mit einem anderen spricht oder ihm wirklich zuhört, *ist* der andere.

Es gibt ein altes buddhistisches *Koan,* das die Geschichte eines Mönchs erzählt, der vor einem hungrigen Bären davonläuft. Er kommt an eine steile Klippe und muß entweder hinunterspringen oder gefressen werden. Im Fallen ergreift er einen kleinen Baumstamm, der aus der Steilwand herausragt. Er blickt hinunter und sieht am Fuß des Steilhangs einen Tiger, der auf ihn wartet. Im gleichen Augenblick kommen zwei kleine Ratten seitwärts heran und nagen an dem Baumstamm, an dem der Mönch hängt. In dieser Lage, mit dem hungrigen Bären über ihm, dem knurrenden Tiger unter ihm und den nagenden Ratten neben ihm, sieht er in Reichweite ein Büschel wilder Erdbeeren. Daran hängt eine große, rote, reife, saftige Erdbeere, die ihn zum Essen einlädt. Er pflückt sie, steckt sie in den Mund, ißt sie und ruft aus: »Wie köstlich!« Die Liebe schwelgt und wächst im Augenblick und in der Freude des Augenblicks.

Wir finden also die Liebe in vielen Dingen, auch wenn wir wissen, sie ist kein Ding, das gekauft, verkauft, gewogen oder gemessen werden kann. Liebe kann nur ein Geschenk sein und muß sich in aller Freiheit ausdrücken können. Sie kann weder erobert noch festgehalten werden, denn sie ist auch nicht dazu geschaffen, zu binden oder zu halten. Sie ist in wechselnder Intensität in jedem und in allem, und sie wartet darauf, verwirklicht zu werden. Sie ist untrennbar mit dem Selbst verbunden. Die Liebe und das Selbst sind eins. Es gibt keine verschiedenen Arten der Liebe. Liebe ist Liebe. Es gibt nur verschiedene Grade der Liebe. Die Liebe vertraut, nimmt an und glaubt ohne Garantie. Die Liebe ist geduldig und wartet, aber es ist ein aktives Warten und nicht ein passives. Denn sie bietet sich fortwährend in einem Prozeß des gegenseitigen Offenbarens und Teilens miteinander an. Die Liebe ist spontan und will sich ausdrücken durch Freude, durch Schönheit, durch Wahrheit und sogar durch Tränen. Die Liebe lebt im Augenblick und ist weder im Gestern verloren, noch sehnt sie sich nach dem Morgen. Die Liebe ist jetzt!

4.
Lieben lernen hört nie auf

»Wer getrunken hat, wird trinken; wer geträumt hat, wird träumen. Er wird jenen verführerischen Abgrund, jenen Klang des Unergründlichen, jenes Tor in eine verbotene Welt, jenes Bemühen, das Unberührbare zu berühren und das Unsichtbare zu sehen, niemals aufgeben. Er kehrt zu diesem Abgrund zurück, beugt sich über ihn, geht noch einen Schritt weiter und dann den zweiten. So geschieht es, daß man eindringt in das Undurchdringliche und dort die grenzenlose Befreiung der unendlichen Meditation findet.«

Victor Hugo

»Es gibt keine Liebe, wo es keinen Willen gibt.«

Gandhi

Der Mensch kann bis zum Augenblick seines Todes lernen, umlernen oder verlernen. Es gibt immer Neues zu entdecken. Soviel er auch wissen mag, der Mensch kann niemals alles über alle Dinge wissen. Aus diesem Grunde sagt der Semantiker, jeder Satz sollte mit den Worten »und so weiter« enden.

Der Wandel ist das Endergebnis eines jeden wahren Lernens. Zum Wandel gehören drei Dinge: Erstens die Unzufriedenheit mit sich selbst – eine spürbare Leere oder ein spürbares Bedürfnis; zweitens der Entschluß, einen Wandel herbeizuführen – den leeren Raum auszufüllen oder das Bedürfnis zu befriedigen; und drittens eine bewußte Hingabe an den Prozeß des Wachstums und des Wandels – der Willenskraft, den Wandel herbeizuführen, etwas zu tun.

Der Mensch gibt ständig seiner Einsamkeit, seiner Verzweiflung, seiner Enttäuschung und seiner Hoffnungslosigkeit Ausdruck. In seinem täglichen Leben fällt es ihm schwer, mit anderen zu teilen, sie zu verstehen und sich ihnen verständlich zu machen. Er hat das Gefühl, es mit einem Übermaß an Neid, Furcht, Sorgen und Haß zu tun zu haben. Überall findet er die Ursachen für seine Unzufriedenheit bei den Menschen in seiner Umgebung und in seiner Umwelt: »Das politische System ist korrupt und wird es immer bleiben.« – »Kriege sind unvermeidbar.« – »Der Mensch ist im Wesen böse und kann sich nicht ändern.« – »Gerechtigkeit, Frieden und Sicherheit gibt es nur für die Reichen; der Normalbürger ist nur der Prügelknabe des Systems.« – »Erziehung hat für die Zukunft nichts zu bedeuten, sie ist in ihrer eigenen Unbedeutsamkeit erstarrt.« – »Das Dasein ist eine Sackgasse, und an ihrem Ende steht der Tod mit einem blutigen Messer in der Hand. Es gibt keine Umwege und keine Auswege.«

Der Mensch glaubt, hilflos einer hoffnungslosen Lage ausgeliefert zu sein. Er scheint sich in trüben Gedanken verlieren zu wollen. Offenbar ist er eher bereit, das Negative zu akzeptieren als das Positive, und der Zweifel liegt ihm näher als das Vertrauen. Er sorgt sich ständig um die Zukunft und fühlt sich durch die Vergangenheit desillusioniert. Nur selten findet er sich selbst an der Quelle seines Elends. Die Vorstellung, er könne sich auch für das Glück entscheiden, kommt ihm lächerlich vor. Dabei ist der Mensch das einzige Lebewesen, das über genügend Willenskraft und Intelligenz verfügt, um seines eigenen Glückes Schmied zu sein. Wie traurig, daß er so oft die Verzweiflung wählt! Der Optimist wird als Narr angesehen, der Liebende als rettungsloser Romantiker. Wenn jemand sich seines Lebens freut, dann nennt man ihn einen Taugenichts. So gewinnt der Mensch den Eindruck, wenn es ihm heute gutgehe, müsse er morgen dafür bestraft werden. Das alte Sprichwort sagt: »Alles Gute in der Welt ist entweder illegal, unmoralisch, oder es macht dick.« Das ist typisch. Die gleiche Auffassung finden wir auch in der christlichen Moral, die dem Menschen einredet, er sei nicht auf die Erde gekommen, um Freude und

Befriedigung kennenzulernen, sondern um zu arbeiten und zu leiden, um auf diese Weise den ewigen Frieden mit Gott zu finden. Nur selten zweifelt er daran, daß man in dieser Welt viel Häßliches und Böses findet. Aber er ist nicht bereit einzusehen, daß das Leben auch unendlich viel Schönes, Freude und ungezählte Möglichkeiten bietet, dieses Dasein zu genießen.

Der Mensch wird unzufrieden mit sich selbst und gibt den unabänderlichen »Tatsachen« einer feindlichen Welt die Schuld, und in dieser von ihm selbst erzeugten Hoffnungslosigkeit fühlt er sich wohl, denn so befreit er sich von aller Verantwortung.

Ich will nicht sagen, daß es in der Welt nichts Böses gibt, keine Korruption, keinen Haß, keinen Neid, keine Feindschaft, und daß wir nichts fürchten müßten. Man braucht nur eine Zeitung zur Hand zu nehmen, das Fernsehgerät einzuschalten, einen modernen Roman zu lesen oder die weltpolitische Szene zu betrachten, um alles Unangenehme und alle Ungerechtigkeiten zu finden, die man braucht, um diese negative Haltung zu begründen.

Aber die meisten Menschen vergessen, daß es wenigstens *zwei* entscheidende Kräfte gibt, die in dem komplexen Prozeß der Anpassung an dieses Leben auf ihn wirken. Gewiß muß er hinnehmen, was die von außen auf ihn wirkenden Kräfte, die Naturgewalten, ihm zumuten. Ein Erdbeben, eine Überschwemmung oder ein Blitz können ihn oder die Menschen, die er liebt, vernichten. Ein Unfall kann ihm zum Krüppel machen. Aber es ist eine ganz andere Sache, wie er auf seine Behinderung reagiert und mit ihr lebt oder wie er das Erdbeben oder die Überschwemmung hinnimmt. Das hängt von ihm ab! Darauf kann er Einfluß nehmen. Der Mensch hat einen Willen und kann daher weitgehend den Verlauf seines Lebens bestimmen. Man hat es nicht oft im Leben mit den verheerenden Auswirkungen von außen kommender Einflüsse zu tun. Deshalb besitzt der Mensch die Freiheit, die in ihm schlummernden Kräfte für die Gestaltung seines Lebens einzusetzen. Er kann seinen eigenen Dialog schreiben, sich mit den Schauspielern seiner Wahl umgeben, seine Kulissen malen und die dazu passende

Das vollständige Eintauchen ins Leben bietet dir das beste Klassenzimmer für das Erlernen der Liebe.

Musik schreiben. Wenn ihm das Stück nicht gefällt, das er für sich geschaffen hat, kann er nur sich selbst dafür verantwortlich machen. Aber auch dann bleibt ihm noch eine Wahl. Er kann die Bühne verlassen und ein neues Stück schreiben. Der freie Mensch ist auch im dunkelsten Gefängnis noch frei. Die meisten in Verzweiflung geratenen Menschen wissen nur sehr wenig und verfügen über eine sehr geringe Willenskraft, mit der sie ihre eigene Lage verbessern könnten. Sie sind überzeugt, daß sie an ihrem Schicksal nichts ändern können, und deshalb bleibt alles beim alten. Solange der Mensch einen Willen hat, kann er seine Reaktionen, Handlungen und Schlußfolgerungen bis zu einem gewissen Grad kontrollieren. Und in diesem Ausmaß kann er die Verantwortung für sein eigenes Leben übernehmen. Er ist den Kräften, die stärker sind als er selbst, nicht auf Gedeih und Verderb ausgeliefert, denn er selbst wird zu einer mächtigen Kraft.

Um die Dinge zu verändern, muß es sich der Mensch deshalb zutrauen, sie verändern zu können. Wenn er zum Beispiel an seiner Liebesfähigkeit zweifelt, dann muß er dieser Tatsache ins Auge sehen, darf aber nicht den Glauben verlieren, daß er fähig ist, diesen Zustand zu ändern.

Wenn man weiß, daß man immer in der Lage ist, den gegenwärtigen Zustand zu ändern, dann liegt der zweite Schritt in dem Entschluß, es zu tun. Der Wandel vollzieht sich nicht durch einen bloßen Willensakt, wie sich auch unser Verhalten nicht automatisch verändert, wenn wir begriffen haben, daß es falsch ist. Man kann wissen, daß etwas böse, schmerzlich oder gefährlich ist, und trotzdem nicht davon ablassen. Eine Veränderung ist nur möglich, wenn wir uns entschließen, etwas zu tun. Der korpulente Herr, der so gern schlank sein und in der Badehose gut aussehen möchte, kann sich diesen Wunsch nicht dadurch erfüllen, daß er sich nur danach sehnt. Er muß vielmehr die richtige Diät einhalten und sich die notwendige körperliche Bewegung machen. Sonst wird sich sein Wunsch niemals erfüllen. Zwar weiß er, wie er sein Ziel erreichen kann, aber bis zu dem Augenblick, da er etwas unternimmt, nützt ihm seine ganze Einsicht nichts. »Zu sein heißt zu handeln«, sagt der Existentialist. »Erst wenn man handelt, wird man zum wirklichen Menschen.« Offensichtlich muß auch derjenige, der lieben will, sich auf die Liebe zubewegen.

Der dritte Schritt, der zum Wandel führt, ist vielleicht der schwierigste. Zu ihm gehört der Prozeß des Umlernens. Alles Lernen bedeutet suchen, finden, analysieren, auswerten, erfahren, annehmen, ablehnen, in die Praxis umsetzen und alle diese Bemühungen verstärken. Viele sagen: »Die Liebe belohnt sich selbst.« Wenn das heißen soll, das liebende menschliche Wesen bekomme alle Unterstützung, die es braucht, dann ist das nur zum Teil richtig. Es bedeutet aber auch, daß man sich, weil die Gesellschaft und der Mensch oft durchaus unvollkommen sind, gelegentlich selbst helfen muß, um weiterlernen zu können. Der Liebende muß sich oft sagen: »Ich liebe, weil ich lieben muß und weil ich lieben will. Ich liebe um meinetwillen und nicht für andere. Ich liebe um der Freude willen, die ich dabei empfinde – und nur gelegentlich um der Freude willen, die es anderen bereitet. Wenn sie mich in meinem Tun bestärken, ist es gut. Wenn sie es nicht tun, ist es ebenso gut, denn ich *will* lieben.«

Wie bei jedem Lernen muß der Mensch ständig wachsam, aufmerksam, geduldig, nachsichtig, vertrauensvoll, offenherzig und nicht leicht zu entmutigen sein. Er muß bereit sein, zu experimentieren und sich ständig selbst zu prüfen, und er muß dabei flexibel bleiben. Das Leben und die Erfahrungen beim völligen Eintauchen in das Leben sind das beste Klassenzimmer für das Erlernen der Liebe. Auch der größte Guru kann dir die Liebesfähigkeit nicht geben. Er kann dir nur durch seine Anleitung, durch die Vermittlung von Einsichten, durch Vorschläge und Ermutigung helfen. Du wirst auch nicht daraus etwas lernen können, daß du andere beobachtest, die ein von Liebe erfülltes Leben führen. Du wirst nur als ein aktiv an der Liebe Beteiligter lernen.

Wenn einem daher die eigene Fähigkeit, ein von Liebe erfülltes Leben zu führen, nicht genügt, dann ist es gut, denn es ist vielleicht der erste Schritt auf der Suche nach der Liebe, nach der man sich sehnt. Aber das ist erst der Anfang. Wir müssen uns auch verändern wollen und auf die Veränderung zugehen. Das Lernen ist ein komplizierter, das ganze Leben fortdauernder Prozeß. Das Erlernen der Liebe bedeutet einen ständigen Wandel. Der Prozeß geht niemals zu Ende, denn die Liebesfähigkeit des Menschen ist unendlich.

5.
Liebe stößt auf viele Hindernisse

»Daß die Botschaft niemals empfangen wird, heißt noch nicht, daß sie es nicht wert sei, abgeschickt worden zu sein.«

Segaki

Zu lieben ist niemals leicht, und wer sich entschlossen hat, ein von Liebe erfülltes Leben zu führen, wird auf viele Barrieren stoßen, die das Wachsen in der Liebe behindern. Wenn er diese Hindernisse jedoch sorgfältig untersucht, wird er wahrscheinlich entdecken, daß es künstliche Hindernisse sind, die er in den meisten Fällen selbst aufgerichtet hat. In Wirklichkeit existieren sie gar nicht. Meist sind es Ausflüchte, die man sucht, um der Herausforderung der Liebe auszuweichen. Wer sich auf diese Weise abschrecken läßt, verurteilt sich dazu, niemals ein voll erfülltes menschliches Leben zu führen.

Der Mensch hat immer wieder die Möglichkeit, seine Unfähigkeit zu lieben, auf Faktoren zurückzuführen, die außerhalb seiner selbst liegen. Er kann zum Bespiel behaupten, andere seien im Grunde korrupt, entartet und unfähig, sich zu ändern. Deshalb sei es töricht, wenn er versuchen wollte, sie in irgendeiner Weise zu beeinflussen. Er kann dem anderen vorwerfen, eine feindselige Einstellung zu haben. Ist daher seine Entscheidung, den Kontakt mit anderen zu meiden, nicht wohlbegründet, es sei denn, er wäre so töricht, sich absichtlich weh tun zu wollen? Er kann darauf hinweisen, daß die zahllosen Hindernisse, die der Liebe im Wege stehen, unüberwindlich seien und die Geschichte das beweise. Wollte er diese Barrieren forträumen, dann könne man ihn mit einem Insekt vergleichen, das den Versuch unternähme, einen breiten Fluß umzuleiten. Das sei eine Verschwendung von Zeit und Energie. Man kann sich aber auch hinter der Behauptung verschanzen, man sei bereits ein Liebender und ganz zufrieden mit der eigenen Liebesfähigkeit und der Liebe, die einem entgegengebracht werde. Wäre es nicht eine Torheit, diesen durchaus befriedigenden Zustand gegen eine ungewisse Zukunft einzutauschen?

Sehr oft versteckt sich der Mensch während seines ganzen Lebens hinter solchen leicht zu begründenden Behauptungen. Er erkennt nicht, daß diese Haltung nur Ausdruck seiner Unfähigkeit ist, wirklich fruchtbare Beziehungen zu anderen Menschen herzustellen oder herausragende Erfahrungen zu machen.

Wenn er sich zum Beispiel seine Mitmenschen als grundsätzlich feindlich und böse vorstellt, dann ist es ein Gebot der Klugheit, sich ihnen nicht zu öffnen, geschweige, ihnen seine Liebe zu schenken, denn wenn er das täte, riskierte er, verletzt zu werden. Es ist viel einfacher und sicherer, allein zu bleiben, auch wenn ein solcher Mensch eher den natürlichen Antrieb spürt, sich anderen zuzuwenden, als eine Zurückweisung zu riskieren. Er geht von vornherein davon aus, daß andere ihn zurückweisen werden. Nur selten denkt er daran, daß ebenso auch die Möglichkeit besteht, akzeptiert zu werden. Er hält es nicht für möglich, daß der Mensch am Tisch nebenan oder auf der anderen Seite des Raumes ein ebenso großes Bedürfnis hat, Kontakt mit ihm aufzunehmen, wie er selbst. Er baut lieber eine Mauer um sich, schweigt, bleibt allein und einsam. Er fragt sich: »Wenn ich ihn nun anspreche und er sich von mir abwendet, was soll ich dann tun?« Aber nur selten lautet seine Frage: »Was wird geschehen, wenn ich dem anderen die Hand reiche und er sagt: ›Ja, bitte setzen Sie sich zu mir‹?«

Ich erinnere mich an einen Abend in einer Bar in San Francisco. Ich hatte mich dort mit guten Freunden getroffen. Wir unterhielten uns sehr angeregt. Das Thema unseres Gesprächs waren die wunderbaren Erlebnisse des vergangenen Tages. Plötzlich bemerkte ich einen Herrn am Nachbartisch, der allein vor seinem Cocktail-Glas saß und vor sich hinstarrte. Ich sagte:

»Warum fordern wir ihn nicht auf, sich zu uns zu setzen? Er scheint ganz allein zu sein. Ich weiß, wie es ist, in einem Raum voller Menschen allein sein zu müssen.«

Die anderen meinten, wir sollten ihn nicht stören. »Vielleicht will er allein sein.«

»Das kann schon sein, aber wenn ich ihn auffordere, zu uns herüberzukommen, dann hat er die Wahl.«

Ich ging zu dem Herrn hinüber und fragte ihn, ob er sich zu uns setzen oder lieber allein bleiben wolle. Überrascht blickte er auf. Er nahm die Einladung gern an. Es war ein Tourist aus Deutschland. Nachdem er sich an unseren Tisch gesetzt hatte, sagte er uns, er sei durch die ganzen Vereinigten Staaten gereist und habe außer mit Hotelportiers, Reiseleitern und Kellnern mit keinem Menschen gesprochen. Unsere Einladung sei eine willkommene Abwechslung.

Natürlich war dieser deutsche Reisende selbst nicht ganz unschuldig, denn wir alle haben die Möglichkeit, die Initiative zu ergreifen und auf unsere Mitmenschen zuzugehen. Wenn wir ein solches Risiko eingehen, können wir auch auf Ablehnung stoßen. Wir dürfen jedoch nicht vergessen, daß alle unsere Mitmenschen potentielle Freunde und Geliebte sind.

Wir neigen eher dazu, andere zu verdächtigen, als Gutes von ihnen zu erwarten. Die Verbrechen füllen die Spalten der Zeitungen und werden von den Medien berichtet, die guten Taten nur selten. Gemessen an der Bevölkerungszahl dieser Erde gibt es verhältnismäßig wenige Morde, Raubüberfälle, Vergewaltigungen oder andere schwere Verbrechen. Aber wenn ein Verbrechen verübt wird, hören wir mit Sicherheit davon, und zwar nicht nur weil es eine Neuigkeit ist, sondern weil sich Zeitungen, die solche Nachrichten bringen, besser verkaufen lassen. Die Menschen scheinen an Sensationsnachrichten Gefallen zu finden und sich besonders für negative Dinge zu interessieren. Aber in Wirklichkeit sind die meisten Menschen ebenso wie wir selbst. Sie verletzen nicht absichtlich einen anderen Menschen, bestehlen ihn nicht und denken nicht daran, ihn zu töten. Gewöhnlich können wir unseren Mitmenschen vertrauen; sie sind rücksichtsvoll und freundlich. Sie kommen weder mit der Polizei noch mit den Gerichten in Konflikt. Ein solches Verhalten kommt uns auch ganz normal vor.

Wenn ein Mensch jedoch Böses tut, dann wird das meist noch übertrieben. Das Interessante daran ist die Abweichung vom Normalen. Aber wir verhalten uns oft so, als sei die Ausnahme die Regel. Das Schönste über das Gute im Menschen hat vielleicht das jüdische Mädchen Anne Frank gesagt, die sich während des größten Teils ihres kurzen Lebens in einer kleinen Wohnung in Amsterdam vor den Nazis verstecken mußte und schließlich von ihnen ermordet wurde. Bis kurz vor ihrer Ermordung hat sie ein Tagebuch geführt. Darin schreibt sie: »Und doch glaube ich immer noch, daß der Mensch im Grunde gut ist.«

Der Mensch lernt das Böse ebenso wie das Gute. Wenn er an eine Welt des Bösen glaubt, dann wird er mit Mißtrauen und Furcht reagieren und ständig nach dem Bösen suchen, um es mit Sicherheit auch zu finden. Wenn er andererseits an eine Welt des Guten glaubt, wird er zuversichtlich, vertrauensvoll, empfindsam und hoffnungsvoll bleiben. Wer nur das Böse in der Welt sieht und bereitwillig in seinem Schatten lebt, errichtet damit eine Barriere, die ihn von der Liebe trennt.

Was uns noch daran hindert zu lieben, ist die Vorstellung, es gebe zu viele negative Kräfte, die es einem vernünftigen Menschen verbieten, anderen seine Liebe zu schenken. Der Mensch ist zwar von Natur aus ein schöpferisches Wesen, denn er schafft Leben und verwendet das von ihm erworbene Wissen für seine Neuschöpfungen, aber er lernt oft schon in jungen Jahren, daß er, um zu überleben, die Fähigkeit haben muß, etwas zu zerstören. Man sagt ihm, er sei ständig von einer Reihe destruktiver Kräfte bedroht. Es wird sogar der Eindruck erweckt, die Zerstörer seien diejenigen, die in unserer Zivilisation den größten Erfolg haben. Daher ist es verständlich, daß der Mensch kaum den Antrieb verspürt, seine Kreativität zum Kampf gegen die zerstörerischen Kräfte einzusetzen. Seine Lage scheint hoffnungslos zu sein. Der Mensch ist am glücklichsten, wenn er schöpferisch tätig sein kann. Das Höchste, dessen der Mensch fähig ist, ist in der Tat der schöpferische Akt. Die

Wirkliche Liebe ist immer schöpferisch, und sie zerstört niemals. Darin liegt die einzige Hoffnung des Menschen.

Liebe ist immer schöpferisch, und sie zerstört niemals. Darin liegt die einzige Hoffnung des Menschen.

Am Schluß des erstaunlichen kleinen philosophischen Romans von Thornton Wilder, *Die Brücke von San Luis Rey,* stehen die folgenden Sätze: »Es gibt ein Land der Lebenden und ein Land der Toten. Die Brücke ist die Liebe; die einzige Wahrheit, das einzig Überlebende.«

Sieht man sich die Menschen an, die weder lieben können noch geliebt werden, dann könnte man verzweifeln und jede Hoffnung aufgeben. Blickt man in die Vergangenheit zurück, dann stellt man fest, daß es zu allen Zeiten Selbstsucht, Habgier, Gemeinheit und Elend gegeben hat. Man gelangt zu der Überzeugung, daß die Menschen seit jeher nach mehr und nach anderem verlangt haben, als sie besaßen, und daß sie miteinander um den Besitz dessen, was sie begehrten, gekämpft haben und es wahrscheinlich auch in Zukunft tun werden: Katholiken gegen Protestanten und beide gegen die Juden, Kommunisten gegen die Sozialisten und beide gegen die Kapitalisten, die Armen gegen die Reichen und beide gegen das Bürgertum, die Schwarzen gegen die Weißen und gegen die Gelben, das Genie gegen die Intelligenz und beide gegen die Unwissenden. Wer das so sieht, meint, weil es immer so gewesen sei, werde es auch so bleiben, und der einzelne könne nichts dagegen ausrichten. Es ist richtig, daß uns Armut, Hunger, Kriege, Unwissenheit, Vorurteile, Ängste und Feindschaft vor ungezählte Probleme stellen. Nur wenige Menschen haben die Möglichkeit, Vorurteile abzubauen, etwas gegen die Armut zu unternehmen oder Weltkriege zu verhindern, aber darauf kommt es hier nicht an. Die einzige Frage, die wir uns selbst stellen können, lautet: »Was kann *ich* dagegen tun?« Die Antwort ist im allgemeinen sehr einfach, besonders wenn wir es wirklich ernst meinen und bereit sind, die Verantwortung zu übernehmen.

In Hongkong habe ich einen jungen chinesischen Flüchtling kennengelernt. Seine Familie bestand aus elf Personen, und sie alle standen kurz vor dem Verhungern. Der junge Mann sprach ein wenig Englisch und versuchte verzweifelt, seine Kenntnisse zu erweitern, um in der Stadt eine gut bezahlte Stelle finden zu können. Ich schenkte ihm ein paar Dollar für Bücher und meldete ihn für ein Seminar bei der English Speaking Society an. Nach einiger Zeit fand er Arbeit und konnte genügend Geld verdienen, um seine Familie zu unterstützen, die schließlich wieder den Anschluß an die Gesellschaft fand. Nach bestandenem Examen wollte er mir das Geld, das ich ihm gegeben hatte, unbedingt zurückzahlen. Ich weigerte mich und forderte ihn auf, einem anderen jungen Mann, der sich in einer ähnlichen Lage befand wie er, mit diesem Geld eine Chance zu geben. Bis heute haben wir es drei jungen Männern ermöglichen können, die Schule zu besuchen und abzuschließen. Ich habe auf diese Weise nicht das Flüchtlingsproblem in Hongkong gelöst, aber ich habe drei Familien geholfen zu überleben. Wenn jeder von uns nur einen kleinen Teil der Verantwortung übernähme, wäre viel damit getan. Die Arbeit großer caritativer Organisationen ist etwas sehr Nützliches, aber dabei geht der persönliche Kontakt verloren, und der einzelne hat nicht die Freude und Befriedigung, die Auswirkungen seiner Hilfe zu erleben. Wir können Veränderungen herbeiführen. Nichts ist unveränderbar. Vielleicht kann ich persönlich nicht sehr viel gegen die Säuglingssterblichkeit oder die Schwierigkeiten der alten Menschen unternehmen, aber ich kann einen Teil meiner Zeit dafür verwenden, einem Kind oder einem älteren Menschen das Leben erträglicher zu machen.

Das Wachsen in der Liebe kann auch dadurch behindert werden, daß man ein wenig Liebe erfährt und sich damit zufrieden gibt. Wenn der Mensch feststellt, daß ihn nur wenige lieben und er diese Menschen wiederlieben kann, glaubt er, daß sei alles, was er von der Liebe wissen müsse oder erfahren könne. Mehr kann man doch nicht erwarten! Er ahnt nicht, daß die Liebe grenzenlos, tief und unendlich ist und er selber die Fähigkeit, in größerer Sicherheit und Freude zu leben und zu wachsen, in sich trägt. Er denkt nicht an die Möglichkeit, daß es im gleichen Augenblick irgendwo einen Menschen gibt, der seine Liebe braucht. Oft bedarf es einer schweren emotionalen Erschütterung, um den Menschen aus seiner Lethargie zu wecken. Nehmen wir an, er hat eine Frau, die er liebt und die ihn liebt. Ihre sexuellen Beziehungen sind in Ordnung. Sie haben zwei Kinder, die ihm ähnlich sind. Sie besitzen ein Haus mit dicken Mauern und fest verschließbaren Türen, in dem sie gegen die Außenwelt abgeschirmt leben können. Der Mann hat eine gute Stellung und genügend Geld auf der Bank, so daß er sich um die Zukunft keine Sorgen machen muß. Er hat alles, was er sich wünschen könnte. Doch was geschieht, wenn es ihm geht wie Hiob und er im Lauf der Zeit alles verliert, was er besitzt? Seine Kinder laufen fort und schließen sich einer Hippie-Kommune an; seine Frau findet einen Liebhaber; er verliert seine Stellung; sein Haus stürzt zusammen; die Bank macht Konkurs, oder Einbrecher dringen mit Nachschlüsseln in das Haus ein? Er hat ein paar Alternativen. Er kann versuchen, das gleiche Leben noch einmal von vorn zu beginnen, aber das ist unmöglich. Nichts läßt sich genau wiederholen. Der Versuch bleibt bestenfalls eine schlechte Kopie des Originals. Er kann wahnsinnig werden und sich das Leben nehmen. Er kann zum Pessimisten werden und ohne Vertrauen, Hoffnung und Anteilnahme an den Dingen, die ihn umgeben, weiterleben. Oder er kann sich entscheiden, aus seinen Erfahrungen zu lernen, neu zu beginnen, mit neuem Wissen, neuen Hoffnungen, Möglichkeiten und Alternativen.

Wenn der Mensch die Gelegenheit erhält, sein Leben zu verändern, lehnt er es oft mit der Begründung ab, er sei zu alt, um sich zu verändern, und zu alt, um zu lernen. Er sagt: »Ein alter Hund lernt keine neuen Tricks.« Einen Menschen mit einem Hund zu vergleichen ist erniedrigend, und außerdem stimmt der Vergleich nicht. Auch ein »alter Hund« kann neue Tricks lernen. In Wirklichkeit fehlt es diesem Menschen an der Motivation, oder er ist ganz einfach zu faul. Die Lernfähigkeit des Menschen ist immer größer als die des »alten Hundes«, und wenn man beide vergleicht, dann übersieht man die Kräfte, die den Hund einen Hund bleiben lassen, aber den Menschen zu dem machen, der er ist.

Es bieten sich uns täglich neue Möglichkeiten, in der Liebe etwas zu lernen und zu wachsen. Selbst das scheinbar Unbedeutendste kann uns unserem Selbst und daher auch anderen näherbringen. Wenn wir in jedem Augenblick bereit sind, zu hören und zu lernen, dann kann uns der Schrei einer Möve am verlassenen, stürmischen Strand ebensoviel über das Leben und den Tod sagen wie die Katastrophe, die unser Haus zerstört und die von uns geliebten Menschen sterben läßt. Ein japanischer Vers sagt: »Meine Scheune ist abgebrannt, aber jetzt kann ich den Mond sehen.« Die Scheune vermittelt uns ebenso viele Einsichten, ebensoviel Wissen und ebensoviel Neues wie der Mond. Doch jetzt kennt der japanische Bauer beides.

Man darf sich niemals mit seiner Liebesfähigkeit zufriedengeben. Wo wir auch stehen, wir stehen immer am Anfang.

Ein anderes großes Hindernis für die Liebe ist die Furcht vor Veränderung, denn wie schon gesagt bedeutet alles Wachsen, Lernen und Erleben Veränderung. Veränderung ist unvermeidlich. Das einzige, womit du sicher rechnen kannst, ist die Veränderung. Wer sich der Veränderung widersetzt, leugnet die einzige Realität. Die Haltund der Menschen verändert sich, die Gefühle verändern sich, die Wünsche verändern sich, und besonders die Liebe verändert sich. Dieser Vorgang läßt sich nicht aufhalten; wir müssen ihm folgen. Die Hindus erzählen sich eine Geschichte von einem Mann in einem kleinen Boot, der einen rasch fließenden Fluß gegen den Strom hinaufrudert. Nach großen Anstrengungen stellt er schließlich fest, daß all seine Mühen vergeblich gewesen sind. Er gibt auf, nimmt die Ruder aus dem Wasser und fängt an zu singen. In diesem Augenblick hat er ein ganz anderes, neues Leben kennengelernt: Nur wenn der Mensch dem Lauf des sich windenden Flusses folgt, ist er wirklich frei.

Die Barrieren, die uns von der Liebe trennen, sind von Menschen errichtet. Die Liebe will sich nicht behindern lassen. Sie fließt wie der Fluß. Sie ist immer sie selbst, sie verändert sich ständig und überspült jedes Hindernis.

6.
Willst du andere lieben, liebe zuerst dich selbst!

»So sind wir eins, du und ich. Gemeinsam leiden wir, gemeinsam existieren wir, und immer wieder werden wir einander von neuem erschaffen.«

Teilhard de Chardin

Wenn du andere lieben willst, mußt du dich selbst lieben. Wir haben schon mehrmals gesagt, daß man anderen nur geben kann, was man selbst besitzt. Das gilt insbesondere für die Liebe. Du kannst nicht geben, was du nicht gelernt und erfahren hast. Da die Liebe kein Ding ist, geht sie nicht verloren, wenn du sie verschenkst. Du kannst alles, was du an Liebe hast, Hunderten von Menschen geben, aber dir bleibt immer noch die gleiche Liebe, die du gehabt hast. Es ist ebenso wie mit dem Wissen. Der Weise kann die Menschen alles lehren, was er weiß, und wenn er es getan hat, weiß er immer noch alles, was er gelehrt hat. Aber zuerst muß er sich dieses Wissen erworben haben. Es wäre viel richtiger, wenn man sagte, man »teilt« seine Liebe wie man sein Wissen »teilt«, aber man kann nur teilen, was man besitzt.

Sich selbst zu lieben bedeutet nicht, daß man egozentrisch ist wie die alte Hexe in *Schneewittchen,* die in den Spiegel blickt und fragt: »Spieglein, Spieglein an der Wand, wer ist die Schönste im ganzen Land?« Sich selbst zu lieben bedeutet, daß man sich wirklich für sein eigenes Selbst interessiert, sich darum sorgt und es respektiert.

Grundvoraussetzung für die Liebe ist, daß man sich selbst gern hat. Man liebt sich, wenn man sich genau erkannt hat, wenn einem gefällt, was man an sich entdeckt, aber man muß es

103

dabei als besondere Herausforderung empfinden festzustellen, was noch aus einem werden kann.

Jeder Mensch ist ein einzigartiges Individuum. Die Natur verabscheut alle Gleichheit. Jede Blume ist anders, und kein Grashalm gleicht dem anderen. Hast du jemals zwei völlig gleiche Rosen gesehen? Sie sind immer verschieden, auch wenn sie von derselben Sorte sind. Es gibt keine zwei Gesichter, die sich völlig gleichen, auch nicht, wenn es sich um eineiige Zwillinge handelt. Jeder Mensch hat seine eigenen Fingerabdrücke und kann mit ihrer Hilfe identifiziert werden. Aber der Mensch ist ein seltsames Wesen. Die Vielgestaltigkeit schreckt ihn. Anstatt die Herausforderung, die Freude und das Wunder der Mannigfaltigkeit zu akzeptieren, fürchtet er sich gewöhnlich davor. Entweder distanziert er sich davon oder versucht, seine Einzigartigkeit aufzugeben und sich anzupassen. Nur dann fühlt er sich sicher.

Jedes neugeborene Kind ist eine Neuschöpfung, eine neue Kombination aus den wunderbarsten Möglichkeiten. Im allgemeinen gleicht es anatomisch anderen Kindern, aber auf einer subtilen Ebene unterscheiden sich seine anatomischen Funktionen von denen eines jeden anderen Individuums. Die Entwicklung seiner Persönlichkeit scheint von gleichen gemeinsamen Elementen beeinflußt zu werden, von seinen Erbanlagen, der Umwelt und dem Zufall. Aber es gibt mit Sicherheit auch noch ein anderes Element, das sich wissenschaftlich noch nicht identifizieren läßt. Wir können es als den »X-Faktor« der Persönlichkeit bezeichnen: die besondere Kombination von Kräften, die auf das Individuum wirken und es veranlassen, auf äußere Einflüsse so zu reagieren und sie so wahrzunehmen, wie nur dieses Individuum es kann. Das Kind ist etwas ganz Besonderes, aber die meisten Dinge, die es nach seiner Geburt lernt, werden ihm nicht die Freiheit gewähren, seine Einzigartigkeit zu entdecken und zu entwickeln.

Es sollte die wichtigste Aufgabe der Erziehung eines Kindes sein, ihm zu helfen, seine Einzigartigkeit zu entdecken, seine Entwicklung zu fördern und es zu lehren, wie es diese Einzigartigkeit mit anderen teilen kann. Doch die Erziehung besteht meistens daraus, dem Kind eine bestimmte Vorstellung von der »Wirklichkeit« aufzuzwingen. Die Gesellschaft sollte statt dessen dem Kind ermöglichen, seine Einzigartigkeit mit anderen zu teilen, denn sie bedarf dringend unverbrauchter, neuer Ideen für das Leben des einzelnen und der Gruppe. Aber in der Gesellschaft herrscht die Vorstellung, alles, woran wir uns in Jahrhunderten gewöhnt haben, sei richtig, auch wenn es sich nicht bewährt hat. Wenn wir uns dieser Täuschung hingeben, führt es zur Vernichtung der Individualität.

Jedes Kind bedeutet eine neue Hoffnung für die Welt. Aber offenbar schreckt dieser Gedanke die meisten Menschen. Wie würde eine Gesellschaft aussehen, die aus lauter »Individuen« besteht? Wäre sie nicht unlenkbar, und müßte sie nicht zur Anarchie führen? Dieser Gedanke schreckt uns und erfüllt uns mit Abscheu. Eine »schweigende Mehrheit« ist uns viel lieber. »Sonderlinge« sind uns verdächtig, und wir mißtrauen ihnen. Die Familie soll das Kind so erziehen, daß es sich der gegebenen sozialen Struktur anpaßt. Unser Erziehungssystem soll eine ähnliche Aufgabe übernehmen. Es ist am erfolgreichsten, wenn es den Status quo aufrechterhält und die jungen Menschen zu »guten Bürgern« erzieht. Ein »guter Bürger« ist gewöhnlich jemand, der so denkt, sich so verhält und so reagiert wie jeder andere. Unsere Lehrer und Erzieher glauben auch, es gebe ein bestimmtes Grundwissen, das jedem Kind eingetrichtert werden müsse. Sie rechtfertigen das damit, daß sie behaupten, sie vermittelten ihren Schülern »das von den Menschen seit undenklichen Zeiten angesammelte Wissen«.

Sich selbst zu lieben heißt, um die Neuentdeckung deiner Einzigartigkeit zu ringen und sie zu bewahren. Es heißt, zu begreifen, daß du das einzige Du sein wirst, das je auf dieser Erde gelebt hat, und daß mit deinem Tode auch alle deine phantastischen Möglichkeiten sterben werden. Es heißt zu erkennen, daß auch du selbst alle die Wunder, die in dir schlummern, noch nicht ganz entdeckt hast. Herbert Otto sagt, nur etwa fünf Prozent unseres menschlichen Potentials werde im Lauf unseres Lebens realisiert. Margaret Mead meint sogar, daß es nur vier Prozent seien. Wie steht es mit den restlichen 95 Prozent?

Die Liebe und das Selbst sind eins, und die Entdeckung eines von beiden ist die Verwirklichung beider.

Der Psychiater R. D. Laing schreibt: »Wir denken viel weniger als wir wissen, wir wissen viel weniger als wir lieben, wir lieben viel weniger als es zu lieben gibt, und genau in diesem Ausmaß sind wir viel weniger als wir wirklich sind!«

Es gibt ein Du, das noch in dir schlummert; ein Potential in dir, das noch verwirklicht werden kann. Ob du nun einen Intelligenzquotienten von 60 oder 160 hast, in dir liegt mehr als das, was dir gegenwärtig bewußt ist. Vielleicht liegt der einzige Friede und die einzige Freude des Lebens in dem Bemühen um die Entwicklung dieses Potentials. Wir müssen daran zweifeln, daß es uns gelingen wird, unser ganzes »Selbst« in einem Leben zu verwirklichen, auch wenn wir uns in jeder einzelnen Sekunde ernsthaft darum bemühen.

Goethe läßt seinen Faust sagen: »Werd' ich beruhigt mich auf ein Faulbett legen, so sei es gleich um mich getan! ... Werd' ich zum Augenblicke sagen: Verweile doch! Du bist so schön! Dann magst du mich in Fesseln schlagen, dann will ich gern zugrunde gehen!« Wenn er nur für einen einzigen Augenblick seine Suche aufgibt, ist er dem Teufel verfallen, denn in dem Ringen des Menschen auf der Suche nach sich selbst gibt es keine Ruhepause. Das Johannes-Evangelium sagt uns: »In meines Vaters Haus sind viele Wohnungen.« Überall gibt es neue Wunder zu entdecken. Wie können wir uns damit zufriedengeben, unsere Wohnungen den Spinnen, den Ratten, dem Verfall und dem Tode zu überlassen?

Es gibt immer die Möglichkeit, Neues zu entdecken. Dafür ist es nie zu spät. Das sollte die größte Herausforderung für den Menschen sein – die Suche nach dem Selbst – seine eigene persönliche Odyssee; die Gelegenheit, seine Wohnung zu entdekken und in Ordnung zu bringen. Sie sollte ihn herausfordern, nicht nur ein guter Mensch, ein liebender Mensch, ein fühlender Mensch, ein intelligenter Mensch, sondern nach seinen Möglichkeiten der beste, der am intensivsten liebende und fühlende und intelligenteste Mensch zu sein. Damit tritt er nicht mit anderen in Konkurrenz. Er wird vielleicht zu seiner eigenen persönlichen Herausforderung.

Dich selbst zu lieben heißt, das Wunder zu entdecken, das du

Wenn der Mensch liebt, ist er nicht mehr den Gewalten ausgeliefert, die stärker sind als er, denn dann wird er selbst zu der alles überwindenden Kraft.

bist, und das ist nicht nur das gegenwärtige Du, sondern es sind alle deine Möglichkeiten. Dabei sollst du dir stets bewußt sein, daß du ein einzigartiges Individuum bist, daß kein Mensch auf der Welt dir gleicht, daß das Leben die Entdeckung, die Entwicklung und das Teilen dieser Einzigartigkeit mit anderen ist oder sein sollte. Das ist nicht immer leicht, denn immer wieder wird man auf Menschen stoßen, die sich durch ein sich veränderndes, wachsendes Du bedroht fühlen. Aber ein solches Leben wird immer erregend, immer frisch und wie alles Neue und sich Verändernde niemals langweilig sein. Die Entdeckungsreise zum eigenen Selbst ist die großartigste, schönste und am längsten dauernde. Und sie kostet nicht viel; sie verlangt nur immer wieder neue Erfahrungen, neue Wertmaßstäbe, neues Lernen und das ständige Experimentieren mit neuen Verhaltensweisen. Nur du selbst wirst schließlich beurteilen können, was dir gemäß und für dich richtig ist.

Die westliche Zivilisation ist eine Zivilisation des Konkurrenzkampfes. Der Wert eines Menschen ist stets daran gemessen worden, um wievieles mehr er besitzt als andere. Wenn er ein größeres Haus, einen stärkeren Wagen, eine bessere akademische Bildung vorweisen kann, dann muß er auch ein besserer Mensch sein. Aber das sind keine universalen Werte. Es gibt Kulturen, in denen der Heilige und der Lehrer am meisten bewundert werden. Persönlichkeiten, die ihr Leben damit zubringen, ihr eigenes Selbst zu entdecken, die jedoch keine Reichtümer besitzen, die man für Geld erwerben kann. Das sind Kulturen, in denen Freude und innerer Friede einen höheren Wert besitzen als Reichtum und geschäftlicher Erfolg. Hier gilt die Auffassung: Da alle Menschen sterben müssen, seien sie nun arm oder reich, müsse es das Lebensziel eines jeden sein, innere Freude zu finden und sein Selbst in dieser Freude zu verwirklichen, nicht aber materielle Dinge aufzuhäufen. Es gibt Gegenden, in denen die Natur die Menschen sehr nachdrücklich lehrt, daß materieller Besitz keinen anderen Wert hat. Was nützt es, am Fuß des Ätna Reichtümer zu sammeln und großartige Villen zu bauen? Wozu braucht man feste Häuser, wo der Monsunregen jedes Jahr alles fortspült und nur die Menschen selbst und das Land, auf dem sie leben, übrigbleiben?

In den 1930er Jahren haben viele Menschen in den Vereinigten Staaten ihre Wertvorstellungen korrigieren müssen. Nach dem großen Börsenkrach verloren viele, die große Vermögen erworben hatten, alles, was sie besaßen, und mancher beging aus Verzweiflung sogar Selbstmord. Andere, die ihre Hoffnungen auf die eigene Tüchtigkeit setzten, sagten sich: »Es ist mir einmal gelungen, und deshalb kann ich auch ein zweites Mal Erfolg haben.« Sie machten sich wieder an die Arbeit. Sich selbst lieben heißt erkennen, daß nichts einen größeren Wert für dich hat als *du selbst*.

Dich selbst zu lieben heißt auch wissen, daß nur du das sein kannst, wozu du bestimmt bist. Wenn du versuchst, einem anderen zu gleichen, dann wirst du ihm vielleicht ähnlich, aber niemals ganz so sein können wie er. Aber du selbst bist das beste Du. Das ist das Leichteste, das Praktischste und das Lohnendste für dich. Dann wirst du auch begreifen, daß du für andere nur das sein kannst, was du für dich selbst bist.

Wenn du dich selbst und deine Einzigartigkeit kennst, akzeptierst und schätzt, ermöglichst du es auch anderen, das gleiche zu tun. Wenn du den Wert der Entdeckung deiner Selbst erkannt hast, wirst du andere dazu anregen, sich auf die Suche nach ihrem Selbst zu machen. Wenn du weißt, wie dringend du die Freiheit brauchst, dich selbst zu finden, wirst du es auch anderen erlauben, von der gleichen Freiheit Gebrauch zu machen. Wenn du erkennst, daß du das beste Du bist, dann wirst du die Tatsache akzeptieren, daß auch andere nicht besser sein können als sie sind. Aber aus alledem geht hervor, daß du bei dir selbst beginnen mußt. Soweit du dich selbst kennst, und wir gleichen einander mehr als wir uns voneinander unterscheiden, kannst du auch andere kennen. Wenn du dich selbst liebst, wirst du auch andere lieben. Und die Liebe, die du deinen Mitmenschen entgegenbringst, wird so tief und stark sein wie deine Liebe zu dir selbst.

7.
Um zu lieben, mußt du dich von allen Etiketten befreien

»Der Mensch hat ein recht statisches Bild von der Welt, das sich zufällig oder zwangsläufig durch eine Kette zweitrangiger Assoziationen in ihm gebildet hat. Der Mensch glaubt, die Vorstellung, die sich ihm auf diese Weise eingeprägt haben, seien die Realität.«

Timothy Leary

Wir haben in einem der vorangegangenen Kapitel darüber gesprochen, welche Bedeutung Worte für das Erlernen der Liebe haben. Wir haben gesagt, daß durch Worte ganz bestimmte Vorstellungen entstehen, die sich auf die Dauer in uns festsetzen. Die Realität erstarrt, und alles künftige Lernen und Wahrnehmen wird dann durch diese erstarrten Vorstellungen gefiltert. Die so entstandenen Vorurteile bilden schwer zu überwindende Hindernisse für die Liebe. Wenn dich ein solcher Lernprozeß dazu gebracht hat, Schwarze, Juden oder Mexikaner abzulehnen oder dich von Menschen zu distanzieren, die sich anders verhalten als du oder die sich anders anziehen, dann gibt es kaum noch eine Möglichkeit für dich, diese Menschen zu lieben.

Der Mensch hat Worte erfunden, um sich zu befreien. Er hat die Sprache geschaffen, um sich anderen verständlich zu machen und es ihnen zu ermöglichen, das gleiche zu tun. Die Worte sollten ihm helfen, die Weisheit der Vergangenheit und die Träume für die Zukunft zu organisieren und festzuhalten. Er konnte feststellen, daß Worte es ihm erleichterten, seine Umwelt zu organisieren. Aber vor allem verwendete er Worte, um zu denken und schöpferisch zu sein. Er entwickelte die

Sprache, um sich zu befreien, und hat sich niemals vorgestellt, daß er ein Sklave der Sprache werden könnte. Er mußte es erleben, daß die gleichen Etiketten, die er erfand, um bestimmte Begriffe zu bezeichnen, sehr bald die Kraft entwickelten, zu den Dingen selbst zu werden. Der Mensch fing an, so zu tun, als sei das Wort das gleiche wie das Ding. Sobald er über das Wort verfügte, glaubte der Mensch, er habe auch das »Ding« in der Hand. Deshalb meinte er, er könne es auch anderen mitteilen, wenn er nur das Etikett verwendete. Wenn er zum Beispiel über einen Franzosen sprach, setzte er voraus, daß alle Menschen das gleiche statische Bild von einem Franzosen hätten wie er. In Wirklichkeit war das natürlich nicht so, und deshalb verringerte sich seine Kommunikationsfähigkeit. Der Mensch wurde zum Sklaven der von ihm erfundenen Etiketten und distanzierte sich dabei von anderen menschlichen Wesen. Er machte sich nicht die Mühe zu fragen, welche Vorstellungen er oder andere von einem Menschen hatten, wenn er diesen Menschen als Kommunisten, Katholiken, Republikaner oder Juden bezeichnete und ihm damit ein Etikett anheftete. Er fragte nicht danach, ob der »Kommunist« auch ein guter Vater, ein edler Mensch, ein begeisterter Lehrer, ein guter Bürger, ein Pazifist, ein Träumer oder ein schöpferischer Mensch mit einem liebenden Herzen war. Die negativen Impulse, die durch das Wort »Kommunist« in ihm entstanden, genügten, um ihn davon zu überzeugen, daß er diesen Menschen »hassen« könnte. Das war die Folge des Etikettierens.

In meiner Kindheit war es üblich, Italiener als »Dagos« und »Wops« zu bezeichnen. Wir bezogen ein Haus in einer Gegend, in der bis dahin noch keine Italiener gelebt hatten. Die Etikettierung zeigte sehr bald ihre Auswirkungen: »Alle Dagos sind Mitglieder der Mafia.« »Wenn ein Dago in diese Gegend zieht, werden die Grundstückspreise fallen.« »Mit dem Frieden und der Ruhe in dieser Gegend ist es vorbei. Dagos sind laut und emotional.«

Monatelang kümmerte sich niemand um uns, obwohl wir versuchten, die Barrieren niederzureißen. Man lehnte uns ab und ordnete uns in eine ganz bestimmte Kategorie von Menschen ein. Die Voreingenommenheit gegen »Dagos« veranlaßte unsere Nachbarn zu glauben, sie wüßten über uns Bescheid und seien berechtigt, uns abzulehnen.

Das, was sie nicht über uns wußten, war viel mehr und bedeutsamer als das, was sie wußten. Sie wußten nicht, daß Mama eine Sängerin war und in unserem Haus ständig musiziert wurde.

Mama verfügte auch über ein großes geheimes medizinisches Wissen, und solange sie unsere ärztliche Versorgung in der Hand hatte, ist kein Mitglied der Familie krank geworden. Sie verwendete hauptsächlich zwei Medikamente: Knoblauch war ein Allheilmittel und wurde täglich verabreicht, und Polenta, ein dicker Brei aus Maismehl und Wasser, wurde uns kochendheiß auf die Brust gelegt, wenn nichts anderes mehr half. Der Knoblauch wurde roh gerieben und in ein kleines Taschentuch eingebunden, das Mama uns jeden Morgen vor der Schule an den Hals hängte. Erstaunlicherweise sind wir niemals krank geworden. (Ich habe dazu meine eigene Theorie. Da wir so stark nach rohem Knoblauch rochen, ist uns niemand nahe genug gekommen, um uns seine Bazillen zu übertragen.) Auch die Polenta wirkte Wunder. Allerdings bin ich nie dahinter gekommen, welchen pharmazeutischen Wert sie wirklich besaß. Vielleicht hatten wir den Eindruck, daß jede Krankheit, verglichen mit den Brandblasen, die der heiße Maisbrei auf unserer Haut erzeugte, eine Bagatelle war. Das alles hätte unsere Nachbarn eigentlich veranlassen sollen, den Kontakt mit uns aufzunehmen. Wirkungsvollere Behandlungsmethoden gab es doch gar nicht! Und wie viele Arien und Opern werden sie nie wieder in dieser Vollkommenheit zu hören bekommen!

Papa machte einen Wein, der als päpstlicher Meßwein geeignet gewesen wäre. Und er verlangte von uns allen, daß wir ständig unser Wissen erweiterten. Seine Lieblingsfrage nach jeder Mahlzeit war: »Was hast du heute Neues gelernt?« Er selbst lernte begeistert und bemühte sich ständig darum etwas für seine Bildung zu tun. Seinen Wein fanden wir vorzüglich. Ich wurde sogar damit entwöhnt. Daß wir ständig unser Wissen erweitern mußten, gefiel uns allerdings weniger gut. Wenn Papa

*Wenn man ein Liebender sein will, dann muß man damit
beginnen, zur Liebe »ja« zu sagen.*

zum Essen zu Hause war, blätterte die ganze Familie im Konversationslexikon, um seine Wißbegier zu befriedigen, während er sich gemütlich zurücklehnte, seinen Schnurrbart aufzwirbelte und seinen Wein genoß. Unseren so zurückhaltenden Nachbarn entging dieser intellektuelle Gedankenaustausch, vor allem aber mußten sie auf die Gaumenfreuden verzichten, die ihnen Papas selbstgekelterter Vino rosso bereitet hätte.

Um lieben zu können, muß man den ganzen Bereich der eigenen Sprache im Griff haben und alle Voreingenommenheiten »auftauen«, die durch die falsche Verwendung von Worten entstanden sind. Buckminster Fuller soll sich so sehr davor gefürchtet haben, von Worten beherrscht zu werden, daß er zwei Jahre damit zubrachte, und zwar meist allein, zu untersuchen, was Worte im eigentlichen Sinne für ihn bedeuteten. Erst nach diesen zwei Jahren glaubte er, sich von den Fallstricken der Sprache befreit zu haben, um sie als Werkzeug benutzen zu können, denn nun gelang es ihm, die Dinge mit Hilfe der Sprache einander näherzubringen, während er bis dahin das Gefühl gehabt hatte, falsch verwendete Worte vergrößerten nur die Distanz zwischen den Dingen.

Die Auswirkungen der Sprache auf die Persönlichkeit zu erforschen ist heute Aufgabe der Sprachpsychologen. Der Sprachpsychologe zeigt an vielen Beispielen, wie die Sprache das Verhalten des Menschen beeinflußt. Es gibt Menschen, die positive Sprachgewohnheiten entwickelt haben. Ihre Worte drücken Freude aus, sind angenehm zu hören, beschäftigen sich mit dem Schönen und fördern das Gute. Andere Menschen werden von negativen Worten beherrscht. Sie verwenden harte, ätzende, leblose, traurige, langweilige und deprimierende Worte. Ihre Sprache ist freudlos, unschön und Ausdruck einer negativen Haltung.

Das vielleicht positivste Wort in der englischen Sprache ist das wort »Yes«, »Ja«, denn es gibt kaum ein Wort, welches das Wachsen in der Liebe so fördern kann. Es eignet sich am besten dazu, erstarrte Symbole und Ideen »aufzutauen«. Ein liebender Mensch sagt »ja« zum Leben, »ja« zur Freude, »ja« zum Wissen, »ja« zu den Menschen und »ja« zur Mannigfaltigkeit des Lebens. Er hat erkannt, daß alle Menschen und Dinge ihm etwas zu bieten haben, daß alle Dinge in allen Dingen sind. Wenn das »Ja« ihm zu bedrohlich klingt, versucht er es mit dem »Vielleicht«.

Wenn wir »nein« sagen, lehnen wir etwas ab; wir schließen es aus, vielleicht für immer.

James Joyce beendet sein Meisterwerk *Ulysses* mit der eindrucksvollsten Affirmation der Literaturgeschichte; über mehrere Seiten läßt er Molly flüstern: »Ja. Ja. Ja. Ja!«

In seinem phantastischen persönlichen Bekenntnisbuch *Markings* schreibt Dag Hammarskjöld: »Ich weiß nicht, wer oder was die Frage an mich gerichtet hat, und ich weiß auch nicht, wann es geschehen ist. Ich erinnere mich nicht einmal an die Antwort. Aber irgendwann habe ich zu irgend jemandem oder zu irgend etwas ›ja‹ gesagt. Und seither weiß ich, daß das Dasein einen Sinn und deshalb auch mein Leben in der Selbsthingabe ein Ziel hat.«

Wenn man ein Liebender sein will, dann muß man damit beginnen, daß man zur Liebe »ja« sagt. Man kann das tun, indem man behutsam und mit kühlem Verstand auf die Worte achtet, die man verwendet, wenn man mit seiner Frau, seinen Kindern, seinem Vorgesetzten, seinen Mitarbeitern, seinen Nachbarn und engen Freunden, der Verkäuferin und dem Tankwart spricht.

Denn die Worte, die du brauchst, werden dir sagen, wer du bist, was du gesehen hast, was du gelernt und wie du es gelernt hast. Denn du bist das, was deine Worte sind, und sie können ein großer und wichtiger Schritt auf dem Wege zur Wiederentdeckung der Liebe sein.

8.
Zur Liebe gehört Verantwortung

»Nur wenn es eine Pflicht ist zu lieben, nur dann ist die Liebe ewig und glücklich gegen jede Verzweiflung abgesichert.«

Kierkegaard

Bevor man alle Menschen oder auch nur einen Menschen lieben kann, muß man in der Liebe die Verantwortung für sich selbst übernehmen, und das wird immer so sein. Das Liebesgebot des Evangeliums, »liebe deinen Nächsten wie dich selbst«, setzt die Selbstliebe voraus und sagt, daß der Mensch andere ebenso sehr lieben »soll« wie sich selbst. Wir haben schon in einem vorigen Kapitel eingehend über die Selbstliebe gesprochen, müssen also jetzt nicht mehr näher darauf eingehen. Hier genügt es zu sagen, daß man gegenüber anderen nur in dem Ausmaß und in der Tiefe das Gefühl der Verantwortung für das Wachsen in der Liebe haben kann, wie man es gegenüber sich selbst empfindet. Alle Menschen haben mehr oder weniger enge Beziehungen zueinander, und jeder, der sich selbst näherkommt, nähert sich auch anderen.

Albert Schweitzer hat mehr als einmal gesagt: Solange es einen Menschen in der Welt gibt, der hungrig, krank, einsam oder in Furcht leben muß, sei er für diesen Menschen verantwortlich. Er hat diese Überzeugung zum Leitgedanken seines Lebens gemacht, eines Lebens auf höchstem Niveau, eines erfüllten Lebens, eines Lebens der denkbar größten Freude und Würde und damit eines Lebens der alles überragenden Liebe.

Die menschliche Gesellschaft hat nicht viele Persönlichkeiten wie Albert Schweitzer hervorgebracht, aber wir alle kennen und akzeptieren eine gewisse Verantwortung gegenüber uns selbst und anderen. Ein Mensch zu sein bedeutet Verantwortung tragen.

Vielen fällt es schwer, auch nur für sich selbst die volle Verantwortung zu übernehmen, geschweige denn für einen anderen oder eine ganze Gruppe. Deshalb ist es für sie ein unvorstellbarer, unrealistischer, idealistischer Unsinn, für eine »menschliche Familie« verantwortlich gemacht zu werden.

Wenn Liebe wirklich Verantwortung bedeutet, dann hat jeder die Pflicht, alle Menschen zu lieben. Der Mensch hat keine andere Wahl, er muß diese Pflicht akzeptieren. Wenn er es nicht tut, sind die Alternativen Einsamkeit, Untergang und Verzweiflung. Die Übernahme dieser Verantwortung bedeutet für den Menschen, daß er sich begeistert dem Mysterium des Menschseins verschreibt und um das Wachstum der Liebe bemüht. Er übernimmt die Aufgabe, anderen zu helfen, ihre Liebe zu realisieren. Einfacher ausgedrückt: In der Liebe Verantwortung zu tragen heißt, anderen bei der Verwirklichung ihrer Liebesfähigkeit zu helfen. Wenn andere dir helfen, deine Liebe zu verwirklichen, dann weißt du, daß andere dich lieben.

Die Menschen haben auf verschiedenste Weise versucht, ihrer Verantwortung zu lieben, gerecht zu werden. Aber das große Ziel ist immer das gleiche: die universale Liebe. Bei einigen beginnt es mit einer tiefen persönlichen Beziehung zu einer anderen Persönlichkeit. Daraus lernen sie, daß wirkliche Liebe an keine Bedingungen geknüpft ist. Sie lernen, daß die Liebe wachsen muß, daß sie verschiedenste Aspekte hat, ungezählte Individuen braucht und auf verschiedensten Wegen erforscht werden muß. Kein einzelnes menschliches Wesen kann dem, der nach Liebe sucht, dies alles geben. Deshalb muß er seine Liebe erweitern und auf die ganze Menschheit ausdehnen. Je umfassender seine Liebe ist, desto rascher wird sie wachsen. Die Liebe zur ganzen Menschheit ist die natürliche Folge der Liebe zu einem Menschen. Sie beginnt bei dem einen und umfaßt schließlich alle Menschen.

Herbert Otto sagt: »Nur in einer Dauerbeziehung besteht die Möglichkeit, daß die Liebe tiefer und erfüllter wird, so daß sie schließlich unser ganzes Leben umfaßt und sich auf das Gemeinwesen ausdehnt.« Denn nur eine tiefe Beziehung führt uns zu »dem Abenteuer der Entdeckung der Tiefe unserer Liebe, des Gipfelpunkts unseres Menschseins. Das bedeutet, daß wir unsere physische und emotionale Existenz dabei riskieren, daß wir uns von alten Verhaltensmustern trennen und neue entwickeln, daß wir fähig werden, unser Verlangen voll zum Ausdruck zu bringen, während wir Verständnis für die Bedürfnisse anderer zeigen, daß uns bewußt wird, daß jeder seine Zeit braucht, um sich zu ändern, wenn wir diese Hilfe brauchen.«

Es gibt auch Menschen, für die eine Liebe, die nicht alle Menschen umfaßt, keine richtige Liebe ist. Sie behaupten: »Wer nicht alle Menschen aufrichtig liebt, kann auch keinen einzelnen aus tiefstem Herzen lieben, denn alle Menschen sind eins. Alle Menschen lieben ist das gleiche wie die Liebe zu jedem einzelnen.«

Kierkegaard ist einer der Hauptverfechter dieser Idee. Er sagt: »Es ist in der Tat die christliche Liebe, die entdeckt und weiß, daß der Nächste existiert, und daß ... es das gleiche ist ... jeder ist mein Nächster. Gäbe es nicht die Verpflichtung zu lieben, dann gäbe es auch nicht den Begriff des Nächsten. Aber nur wenn man seinen Nächsten liebt, nur dann ist die Selbstsucht der bevorzugenden Liebe mit der Wurzel ausgerissen, und die Gleichheit des Ewigen bleibt erhalten.«

Wenn Albert Schweitzer der ganzen Menschheit dienen wollte, dann war das für ihn nur die Erweiterung der Liebe, die er für jedes einzelne Lebewesen empfand. Herbert Otto meint, daß man durch die Liebe zu einem einzelnen die Stärke gewinnt, die Verantwortung für die Gemeinschaft aller Menschen zu übernehmen. Auf welchem Wege man sich der Liebe auch nähern mag, sie ist niemals selbstsüchtig und wählerisch, sondern selbstlos und umfassend. Doch lieber ist es so, daß es der Welt immer noch schwerfällt, universale Wahrheiten zu akzeptieren. Wenn jemand nur sich selbst liebt, bezeichnet man ihn als egozentrisch, auf sich selbst bezogen und selbstsüchtig. Wer sich selbst und eine kleine Gruppe anderer Menschen wie etwa seine Frau und seine Familie liebt, wird von der Gesellschaft als

Solange die Liebesbeziehung mich nicht zu mir selbst führt, solange ich in einer Liebesbeziehung nicht den anderen zu seinem Selbst führe, ist diese Liebe, auch wenn ich sie für die festeste und ekstatischste Verbindung halte, die ich je erfahren habe, keine wahre Liebe.

echter liebender und vernünftiger Mensch gepriesen. Wenn er jedoch alle Menschen in extrem hochherziger Weise liebt, wird er von der Welt sehr oft als naiv, seltsam und töricht lächerlich gemacht.

Die dritte Verantwortung, die uns die Liebe auferlegt, liegt darin, daß wir immer darauf achten, unser Selbst und das Selbst derer, die wir lieben, wachsen zu lassen.

Antoine de Saint-Exupéry sagt, die Liebe bestehe darin, daß »ich dich zu dir selbst zurückführe«. Damit bestätigt er seinen Glauben an die Fähigkeit des Menschen, andere in der Liebe anzuleiten. Er hat die Vorstellung, mit dem Wachsen des Selbst wachse auch die Liebe.

Die Liebe verabscheut jede Verschwendung, besonders die Verschwendung menschlichen Potentials.

Vor einiger Zeit durften zwei junge Leute zu ihrer Hochzeit ihr Eheversprechen selbst formulieren. Es lautete: »Ich werde dich lieben, solange ich dir helfen kann, in der Liebe zu wachsen.« Nach meinem Gefühl ist das der Kern der gegenseitigen Liebe: dem anderen zu versichern, daß wir uns um sein Wachstum bemühen wollen, um die Aktualisierung seines unbegrenzten Potentials. Diese beiden jungen Leute waren entschlossen, ihre ganze Kraft einzusetzen, um einander durch den endlosen Entwicklungsprozeß zu helfen, in dessen Verlauf jeder von ihnen entdeckt, wer er wirklich ist, und sich unaufhörlich an den immer wieder neuen Erkenntnissen und Entdeckungen zu freuen. Nur unter solchen Voraussetzungen kann die Liebe des Menschen gedeihen. Sobald mich die Liebesbeziehung nicht zu mir selbst führt, sobald ich in einer Liebesbeziehung nicht einen anderen Menschen zu seinem Selbst führe, ist diese Liebe, auch wenn sie mir als die festeste und ekstatischste Beziehung erscheint, die ich je erlebt habe, keine wahre Liebe. Denn die wirkliche Liebe ist das unaufhörliche Bemühen um ein ständiges inneres Wachstum. Wenn dieser Prozeß aus irgendeinem Grunde ins Stocken gerät, wird die Liebe schal und ist dazu verurteilt zu verwelken. Sie stirbt und zerstört sich selbst. Was wie ein Anfang aussehen mag, ist in Wirklichkeit nur der Anfang eines Endes.

Verantwortung jeder Art kann furchterregend sein, und aus diesem Grund fürchtet man sich unter Umständen oft vor wirklich tiefen Beziehungen zu anderen Menschen. Eine solche Beziehung könnte einem extreme Verantwortungen auferlegen. Das bedeutet eine Belastung, eine Einschränkung der persönlichen Freiheit, aber selten das Gegenteil. Ein Student in meinem Liebesseminar meinte zum Beispiel: »Ich habe mich immer davor gefürchtet, eine enge Beziehung zu einem anderen Menschen anzuknüpfen, weil ich glaubte, damit eine zu große Verantwortung übernehmen zu müssen. Ich fürchtete mich vor den Ansprüchen, die dabei an mich gestellt werden würden, und ich machte mir Sorgen darum, daß ich diesen Ansprüchen nicht würde genügen können. Als ich jedoch den Mut fand, eine solche Beziehung einzugehen, war ich erstaunt festzustellen, daß ich stärker dadurch wurde. Jetzt verfügte ich über zwei Köpfe, über vier Hände, vier Arme, vier Beine und neben meiner Welt über die Welt eines anderen. Nachdem ich mich mit einem anderen verbündet hatte, verfügte ich über die doppelte Kraft zu wachsen und zweimal so viele Alternativen. Jetzt fällt es mir leichter, andere zu lieben. Ich bin stärker geworden und fürchte mich weniger.« Er hat eine große Entdeckung gemacht.

Der Liebende ist auch dafür verantwortlich, anderen Freude zu bereiten. Freude ist immer ein integrierender Bestandteil des Liebens. Die Freude kann unser ganzes Leben bestimmen, mag das, was wir tun, auch noch so einfach sein und sich noch so häufig wiederholen. Wer seine Arbeit als Liebender tut, für den ist diese Arbeit eine Freude. Wenn unser Leben durch die Liebe geprägt ist, dann leben wir in der Freude. Vielleicht hast du gerade nicht den kreativsten und befriedigendsten Tag vor dir, aber du weißt, daß du ihn durchleben mußt. Du kannst diesen Tag zur Plage werden lassen; er kann langweilig, nervenaufreibend und enttäuschend werden, und dann wirst du den Eindruck haben, was du tust sei reine Zeitverschwendung. Aber du kannst den gleichen Tag auch mit Energie, Begeisterung und dem festen Entschluß beginnen, ihn zu einem der besten Tage deines Lebens für dich selbst und die Menschen deiner Umgebung zu machen. Du kannst jeden Augenblick so leben, als sei es der letzte Tag deines Lebens. Es ist der gleiche Tag, du brauchst die gleiche Energie, und der Tag hat die gleiche Zahl von Stunden. Der Unterschied liegt nur darin, daß du dich entscheiden kannst, ihn in froher oder trüber Stimmung zu erleben. Warum entscheidest du dich nicht für die Freude?

In einem meiner Kurse lasse ich meine Studenten einen Aufsatz über das Thema schreiben: »Wenn ich morgen sterben müßte, wie würde ich heute abend leben?« Die Beantwortung dieser Frage bringt jedesmal tiefe Einsichten. Während der Arbeit an dieser Übung stellen die Studenten fest, daß sie auf so manche Weise Zeit verschwenden, kostbare Zeit. Zwar liegt der Tod für diese jungen Menschen noch in weiter Entfernung, aber auch für denjenigen von ihnen, dem das längste Leben bevorsteht, ist die Lebenszeit begrenzt. Warum soll man sich also nicht des Lebens freuen?

Die verantwortungsbewußte Liebe sucht nach Ausdruck. Liebe ist Kommunikation. So wie der Mensch die Verantwortung übernehmen muß, seiner Freude Ausdruck zu verleihen, ist er auch dafür verantwortlich, seine Sorgen und seine Einsamkeit erkennen zu lassen. Je größer die Sorgen und je tiefer die Verzweiflung eines Menschen sind, desto höhere Mauern errichtet er um sich, hinter denen er schmollen kann, und desto mehr versucht er sich mit allen möglichen Argumenten zu rechtfertigen. Er behauptet, mißverstanden und nicht geliebt zu werden. Er fühlt sich mißbraucht und ausgebeutet. Mit anderen Worten: Je mehr Liebe und Verständnis er braucht, desto entschiedener lehnt er jede Möglichkeit ab, Liebe und Verständnis zu empfangen. Das »Schmollsyndrom« ist das beste Beispiel dafür. Wenn man etwas braucht, sollte man es den anderen Menschen sagen, denn sonst lassen sich diese Bedürfnisse nicht befriedigen. Auch Liebende sind keine Gedankenleser. Wenn wir uns schließlich entschlossen haben zu sagen, was uns fehlt, dann sind wir oft überrascht, wie andere darauf reagieren. Zum Beispiel: »Ich hatte keine Ahnung, daß du einsam warst.« »Du machtest immer einen so selbstzufriedenen, gelassenen und ausgewogenen Eindruck. Ich bin wirklich froh zu wissen, daß auch du nur ein Mensch bist.« Ebenso wie man anderen zeigt, daß man sie liebt, muß man ihnen auch sagen, daß man das Bedürfnis hat, geliebt zu werden. Du darfst nicht erwarten, daß die Menschen, auch wenn sie dir sehr nahe stehen, deine Bedürfnisse und Gefühle kennen und verstehen, wenn du sie nicht zum Ausdruck bringst. Wenn du wünschst, daß dich die Menschen kennen, bist du dafür verantwortlich, dich ihnen zu öffnen.

Verantwortungsbewußt lieben heißt annehmen und verstehen. Die Geschwindigkeit, mit der die Liebe wächst, und die Richtung, die sie dabei nimmt, sind bei jedem Menschen verschieden. So ist die Liebe zum Beispiel in der Ehe oder bei anderen engen Beziehungen ein Hand-in-Hand-Gehen, und doch geht jeder seinen eigenen Weg. Denn man darf nicht erwarten, daß zwei verschiedene Menschen selbst in der Liebe mit der gleichen Geschwindigkeit wachsen und sich in die gleiche Richtung entwickeln werden. Das heißt, daß man vielleicht nicht immer das Wachstum des anderen oder sein sich daraus ergebendes Verhalten vollkommen versteht oder billigt. Aber die Liebe hilft uns, die Tatsache zu akzeptieren, daß der andere sich nur so verhalten kann, wie es ihm im gegebenen Augenblick möglich ist. Ihn aufzufordern, sein Verhalten zu ändern, hieße das Unmögliche verlangen.

Verantwortliche Liebe ist mitfühlend. Das Wort Mitgefühl wird vielleicht zu häufig gebraucht, es ist dennoch ein wichtiges Wort. Es bedeutet nicht »völliges Verständnis«. Wir wissen, daß wir einen anderen Menschen niemals ganz verstehen können. Aber da wir in der Liebe so viele positive Dinge und gemeinsame Elemente entdecken, dürfen wir hoffen. Wenn das Verhalten des anderen unseren Erwartungen widerspricht, uns ärgert oder enttäuscht, dann sollten wir es als etwas Vorübergehendes betrachten. In der Liebe verändern wir uns und lernen immer wieder etwas hinzu. Die Liebe ermöglicht uns die denkbar größte Flexibilität. Sie verlangt nur, daß wir das Verhalten des anderen akzeptieren, weil wir wissen, daß es nicht immer das gleiche bleiben wird. Hier gibt es auch nichts zu verzeihen. Vergebung hat in gewissem Sinne immer etwas mit Herablassung zu tun. Es kommt vielmehr darauf an, den Menschen so, wie er in diesem Augenblick ist, bedingungslos zu akzeptieren und zu erkennen, daß er morgen ein anderer sein wird als heute. Der Liebende wird den Geliebten daher ständig beobachten, ihm zuhören, warten, fühlen, sich dem anderen anpassen, sich selbst korrigieren und sich verändern.

Wenn sich zwei Liebende innerlich voneinander entfernen, dann liegt das gewöhnlich daran, daß der eine oder der andere sich weigert, zu wachsen oder sich zu verändern. In diesem Fall kann der Liebende sich entweder dem Verhalten des anderen anpassen, es ignorieren oder, wenn das alles nichts nützt, den anderen verlassen. Hier könnte man fragen: »Ist dieses Verlassen dann auch noch Liebe?« Ja, das ist es. Denn wenn ein Liebender dem anderen im Wege steht, dann liebt er ihn nicht mehr.

Der Kern der verantwortlichen Liebe sind die menschlichen Qualitäten des einzelnen. Im tiefsten Sinne ist das innere Wesen eines jeden von uns die Menschlichkeit. Das Größte, was ein Mensch sein kann, ist ein menschliches Wesen mit allen Stärken und Schwächen, die damit verbunden sind. Die bedeutendsten Persönlichkeiten sind oft die »allermenschlichsten« gewesen und haben sich nicht gescheut, das zu zeigen. Jesus hat, solange er auf dieser Erde lebte, geweint, sich einsam gefühlt, ist enttäuscht gewesen und hat Schmerz und Verzweiflung kennengelernt. Nur so konnte er begreifen, was es bedeutet, ein Mensch zu sein. Buddha kannte alle typisch menschlichen Schwächen: Verwirrung, Egoismus, Stolz, Neid und sogar Verdauungsstörungen. Gandhi kannte die Demut, die Erschöpfung, Entbehrungen, Krankheit, Schwäche, Folter und litt, wie er es nannte, unter dem »zeitweiligen Versagen seiner eigenen Persönlichkeit«. In unterschiedlicher Intensität haben wir alle das gleiche gefühlt wie Jesus, Buddha und Gandhi. Und das Mitgefühl, das wir für sie empfinden, verbindet uns mit ihnen.

Wie oft haben wir die Worte, »das ist doch nur menschlich«, gehört oder selbst ausgesprochen. Wir sagen das, weil wir wissen, daß wir alle bei weitem nicht vollkommen sind. Wir müssen uns mit dem zufrieden geben, was wir haben. Aber wir kön-

Der Mensch hat keine andere Wahl als zu lieben. Wenn er es nicht tut, sind seine Alternativen: Einsamkeit, Zerstörung und Verzweiflung.

nen ohne weiteres begreifen, daß es für einen Vater in Indien ebenso schwer ist, seine Familie hungern zu sehen, wie überall auf der Welt. Die Menschen in Afrika haben die gleiche Fähigkeit, sich zu freuen, wie die Menschen in Peru. Der Reiche kann ebenso Tränen vergießen wie der Arme. Der Weise kann ebenso verwirrt sein wie der geistig Behinderte. Mit anderen Worten: Es ist die Menschlichkeit des Menschen, die es uns ermöglicht, als Liebende Mitgefühl zu zeigen.

Es ist das Mitgefühl, das uns erkennen läßt, daß wir in der Liebe gegenüber allen Menschen verantwortlich sind. Mit jedem Menschen, der auf dieser Erde stirbt, stirbt jeder von uns ein wenig. Mit jedem Menschen, der leidet, leiden auch wir ein wenig. Mit jedem Kind, das auf dieser Welt geboren wird, wachsen unsere Möglichkeiten. Mit unseren Grundbedürfnissen gleichen wir einander ohne Ausnahme. Wir leben nur in verschiedenen Ländern, spielen in verschiedenen Kostümen vor verschiedenen Kulissen auf unterschiedlichen Bühnen vor uns fremden Zuschauern verschiedene Rollen. Es wäre interessant, wenn wir im Lauf unseres Lebens häufiger die Kostüme wechselten und auf vielen Bühnen auftreten könnten. Dann würden wir klarere Einsichten über die Universalität des Menschen gewinnen. Wir leben für jeden einzelnen, und jeder einzelne lebt für uns alle.

Wenn alle Menschen nackt wären und man uns aufforderte, die Augen zu schließen und nur zu fühlen, dann könnten wir die Blumenverkäuferin mit der Königin, den Hofnarren mit dem König und den Präsidenten mit dem Wanderarbeiter oder dem zornigen Demonstranten verwechseln. Es gibt vielleicht keine wichtigere Erkenntnis als die: Jeder Mensch in der Welt, ob niedrig oder hoch, ist letztlich ein menschliches Wesen. Wollten wir irgend jemandem seine menschlichen Qualitäten absprechen, dann verlören wir alles, was wir durch den vertrauten Umgang mit anderen und durch die aufrichtigen Gefühle gewinnen könnten, die wir ihnen entgegenbringen.

Die uns mit der Liebe auferlegte Verantwortung gebietet uns, mit anderen zu teilen. In Wirklichkeit besitzt niemand etwas außer sich selbst. Die Redensart, »du kannst nichts ins

Grab mitnehmen«, mag zwar recht abgenutzt sein, aber das ändert nichts an ihrem Wahrheitsgehalt. Man kann nichts und niemanden auf ewig festhalten. Die Liebe teilt mit anderen. Welchen Sinn hat unser Wissen, wenn wir es nicht weitergeben? Welche Bedeutung hat die Schönheit, wenn wir sie nicht alle genießen dürfen? Was nützt uns die Liebe, die nicht großzügig verschenkt wird? Die Liebe ist immer ein aktives Teilen. Wenn wir Liebe zu verschenken haben, dann können wir sie der ganzen Welt geben, und wir werden immer noch die gleiche Liebe im Herzen tragen wie zu Beginn. Die Liebe hat nur dann einen Wert, wenn wir sie austeilen.

In einem College im amerikanischen Osten hat man einen interessanten Versuch angestellt. Der Professor sprach über den Wert des Schenkens und darüber, in welchem Zusammenhang es mit der Verantwortung steht. Er forderte die Studenten auf, 10 Cents für eines der folgenden drei Vorhaben zu spenden: Erstens hatte es in Südindien eine katastrophale Dürreperiode gegeben, und für die dort dem Hungertod ausgelieferten Frauen und Kinder wurde Geld gebraucht. Durch eine Spende konnte man dazu beitragen, Leben zu erhalten. Zweitens konnten die Studenten ihre 10 Cents für eine Sammlung geben, mit der einem hochbegabten Schwarzen das Studium ermöglicht werden sollte. Der schwarze Student müßte als Folge eines großen Unglücks, das seine Familie getroffen hatte, die Universität verlassen, wenn ihm nicht sofort mit einer größeren Geldsumme geholfen würde. Drittens konnten die Spender ihr Geld für den Kauf eines neuen Xerox-Geräts zur Verfügung stellen, das für die Studenten angeschafft werden sollte. Dieses Gerät würde ihnen das Studium in mancher Weise erleichtern.

Das Ergebnis des Experiments wird viele nicht überraschen, aber manche zutiefst schockieren.

Mehr als 85 Prozent der Studenten bestimmten das von ihnen gespendete Geld in einer geheimen Abstimmung für den Kauf des Xerox-Gerätes, das ihnen zur Verfügung stehen sollte. Der zweitgrößte Betrag, 12 Prozent der Gesamtsumme, sollten dem schwarzen Studenten das Verbleiben an der Universität ermöglichen. Nur 3 Prozent der Studenten gaben ihre 10 Cents für die

Linderung der größten Not, für die Erhaltung des Lebens in Indien.

Je weiter der Notstand von ihnen entfernt war, desto geringer ihre Bereitschaft, sich für seine Beseitigung verantwortlich zu fühlen. Das Ausmaß oder die Dringlichkeit der Not spielten offenbar keine Rolle. Es war nicht das selbstlose Ich, sondern das selbstsüchtige Ich, das die Gelegenheit versäumte, in Indien Leben zu retten oder einem schwarzen Studenten die Ausbildung zu ermöglichen. Das selbstsüchtige Ich dachte nicht daran, daß es mit seinem Verhalten schließlich kaum etwas erreicht hatte. Können alle Xerox-Geräte der Welt ein einziges menschliches Leben aufwiegen? Wer das nicht erkennt, überbewertet einfache »Dinge«, auf die wir ohnedies verzichten müssen, wenn der Tod uns an die Endlichkeit unseres Daseins erinnert.

Schließlich ist die verantwortliche Liebe sogar stärker als jede Hoffnung. Die Fähigkeit zu hoffen ist sicherlich eine der stärksten im Leben erhaltenden Kräfte im menschlichen Dasein. Wer hoffen kann, beweist seinen Glauben an die Fähigkeit des Menschen, sich zu verändern, seinen Glauben an »die Integrität des Universums«, an die Möglichkeit eines Neubeginns, an ein Morgen, das uns erregende neue Erfahrungen bringen wird. Die Hoffnung ist etwas sehr Wichtiges für den Menschen, denn er ist nicht tapfer genug, ohne sie zu leben. Ein Leben ohne Hoffnung bedeutete die Katastrophe. Der Mensch hat noch nicht gelernt, aus Freude an der Arbeit zu arbeiten, um des Wachstums willen zu lernen, oder schöpferisch tätig zu sein, weil es ihn befriedigt, etwas erregend Neues geschaffen zu haben, oder um der Liebe willen zu lieben. Er erwartet immer noch für alles, was er tut, eine Belohnung. Solange er nicht gelernt hat, die Dinge um ihrer selbst willen zu tun, wird die Hoffnung die wichtigste motivierende Kraft für ihn sein. Wenn er arbeitet, verlangt er eine bessere Bezahlung und höhere Positionen. Wenn er sein Wissen erweitert, strebt er akademische Grade und Titel an. Wenn er schöpferisch tätig ist, verlangt er nach Anerkennung. Wenn er liebt, verlangt er nach Sicherheit. Solange er nicht begriffen hat, daß jede dieser Tätigkeiten ihren Lohn in sich trägt, braucht er die Hoffnung als Krücke. Auch in der Liebe ist gegen die Hoffnung nichts einzuwenden; sie ist aber nur das Zweitbeste.

Die Hoffnung ist zugegebenermaßen eine starke schöpferische Kraft. Norman Cousins drückte das so aus: »Die Hoffnung steht am Anfang aller Pläne. Sie gibt dem Menschen eine Bestimmung, zeigt ihm die Richtung, in der er gehen soll, und gibt ihm die Energie, den Anfang zu wagen. Sie stärkt seine Reaktionsfähigkeit. Sie verleiht Gefühlen und Tatsachen ihren angemessenen Wert.« Nach seinen Vorstellungen bewirkt die Hoffnung »ein Aufleben der menschlichen Phantasie und gibt ihm eine Vorstellung vom Leben, wie er es sich wünscht, von der Verwendung seiner Intelligenz mit dem Ziel, seine Welt und seine Kunst sinnvoller zu gestalten, von der Bedeutung des Individuums, von seiner Fähigkeit, neue Institutionen zu schaffen, neue Wege zu erforschen und neue Möglichkeiten aufzuspüren.«

Das ist sicher alles richtig. Aber die Liebe geht weit über die Hoffnung hinaus. Die Hoffnung ist ein Anfang. Die Liebe ist ewig.

9.
Liebe weiß um die Bedürfnisse des anderen

»Der Geist läßt sich durch Raum und Zeit nicht ändern. Der Geist ist sein eigener Raum, und in sich selbst kann er den Himmel zur Hölle und die Hölle zum Himmel werden lassen.«

John Milton

Der Mensch hat physische und emotionale Bedürfnisse. Seine physischen Bedürfnisse sind am leichtesten zu befriedigen, wenngleich er sich fast sein ganzes Leben damit beschäftigt, es zu tun. Der Mensch braucht geringe Mengen von Nahrungsmitteln – die meisten von uns essen viel zu viel –, er braucht einen gewissen Schutz vor den Unbilden der Witterung – die Häuser, in denen wir leben, sind eigentlich viel zu groß –, im Winter brauchen wir warme Kleidung – in einigen Teilen dieser Welt begnügen sich viele immer noch mit einem Feigenblatt –, und natürlich brauchen unsere Kinder eine gewisse Pflege, und wir alle brauchen Wasser. Was darüber hinausgeht, ist Luxus. Dieser Luxus ist zwar sehr angenehm, aber nicht lebensnotwendig. Zwei Drittel der heutigen Weltbevölkerung bezeugen das.

Aber der Mensch hat auch andere Bedürfnisse, emotionale Bedürfnisse. Auch sie sind nur gering, aber genauso wichtig wie die physischen, auch wenn sie sich nicht so leicht befriedigen lassen. Wenn sie nicht beachtet werden, können die Folgen ebenso verheerend sein wie der Hunger, ebenso unangenehm wie das fehlende Dach über dem Kopf und ebenso lähmend wie der Durst. Die Frustration, Isolation und Furcht, die entstehen, wenn die emotionalen Bedürfnisse nicht befriedigt werden, können ebenso wie physischer Mangel zum Tode oder zum seelischen Tod bei lebendigem Leibe führen – zu Neurosen und Psychosen.

Obwohl er sich dessen bewußt ist, verwendet der Mensch nur einen kleinen Teil seiner Zeit darauf, seine und die emotionalen Bedürfnisse anderer zu befriedigen. Es gibt nur wenige Menschen, die ihre emotionalen Bedürfnisse für wichtig genug halten, um ihnen die gleiche Zeit zu widmen, die sie sich für den Erwerb des Geldes nehmen, mit dem sie ihre physischen Bedürfnisse befriedigen.

Die psychischen Grundbedürfnisse des Menschen sind: Erwartet, gesehen, anerkannt, gehört, zärtlich berührt und sexuell befriedigt zu werden. Er verlangt die Freiheit, sich für seinen eigenen Weg zu entscheiden, in der ihm angemessenen Zeit zu wachsen, Fehler zu machen und zu lernen. Er will sich selbst und andere menschliche Wesen akzeptieren und von ihnen akzeptiert werden. Er hat das Verlangen, ein »Ich« und ein »Wir« zu sein. Er strebt danach, zu dem einzigartigen Individuum heranzuwachsen, das er ist.

Die Liebe erkennt alle diese Bedürfnisse an, oder es ist keine Liebe. Wenn sie unberücksichtigt bleiben, kann sich das Individuum niemals vollkommen verwirklichen und bleibt zum Teil sogar vor sich selbst verborgen. Dann gleicht es einem Baum, bei dem einige Äste nie von der Sonne beschienen werden und im Wachstum zurückbleiben, während der Teil des Baumes, der in der Sonne steht, sich normal entwickelt. Was im Schatten bleibt, kann an dieser Entwicklung nicht teilnehmen.

Der Bankdirektor kann zum Beispiel ein außerordentlich tüchtiger, intelligenter, von der Gesellschaft akzeptierter und geachteter Mann sein. Er gleicht augenscheinlich in jeder Hinsicht dem kräftig wachsenden Baum. Aber seine Frau weiß, daß er beim Essen nörgelt wie ein Kind und im Bett vollkommen impotent ist. Irgendwann ist er in seinem emotionalen Wachstum behindert worden. Seine Bedürfnisse wurden nicht befriedigt. Um weiterzuwachsen, verzichtete er auf die Befriedigung solcher Bedürfnisse und blieb deshalb, psychologisch gesprochen, mit seinen Eßgewohnheiten und seinem Sexualverhalten auf dem Niveau eines Kindes stehen, während er auf allen anderen Gebieten zu einem Erwachsenen heranreifte. Doch was ich hier vor allem sagen will, ist, daß der Mensch leidet, wenn seine Bedürfnisse nicht befriedigt werden. Ich habe den Eindruck, daß die Menschen heute meist viel zu beschäftigt sind, um andere zu beachten oder auf sie zu hören, so daß sie sogar ihre eigenen Familienmitglieder vernachlässigen. Ich nenne das »das Syndrom des unsichtbaren Menschen«. Der andere ist täglich in deiner Nähe: bei den Mahlzeiten, im Wohnzimmer und sogar im Bett. Du weißt, er ist da, aber du siehst ihn nicht, du würdigst ihn keines Blickes.

Wenn du einen Menschen liebst, dann wirst du ihn aufmerksam ansehen. Im Verlauf eines wunderbaren Entwicklungsprozesses verändert er sich schrittweise jeden Tag, und wenn du nicht lernst zu beobachten, wirst du es gar nicht merken. Wann hast du das Gesicht deines Mannes, deines Kindes oder deiner Mutter zum letzten Mal angesehen? Ja, wie lange ist es her, seit du dein eigenes Gesicht betrachtet hast, und zwar nicht nur beim Rasieren, Waschen oder Schminken, sondern in aller Ruhe, nur, um darin zu lesen?

Der Schwarze in Amerika kennt dieses Gefühl, unsichtbar zu sein, schon seit Jahren. Er kennt es so genau, daß er sich selbst als den »unsichtbaren Menschen« bezeichnet. Die Existentialisten haben eine Philosophie begründet, die sich mit der Vergeblichkeit des persönlichen Ringens um Anerkennung beschäftigt, mit der Suche nach einer Bestätigung der realen Existenz und mit der Bedeutung dieser Existenz des Menschen. Ein Liebender kennt das Bedürfnis des anderen, gesehen zu werden. Er blickt ihn an.

Aber ebenso will der Mensch auch gehört werden. Die Vernachlässigung dieses Bedürfnisses nenne ich das »Cocktail-Party-Syndrom«. Auf einer Cocktail-Party versammeln sich die Menschen, reden aufeinander ein und erzählen sich Nebensächlichkeiten. Es wird die ganze Zeit gesprochen, aber niemand hört wirklich zu und achtet darauf, was gesagt worden ist. Nur die Luft wird in Schwingungen versetzt, aber Schwingungen werden erst zu Lauten, wenn sie vom Ohr aufgenommen worden sind, und diese Schwingungen werden vom Gehirn interpretiert und in Symbole übersetzt. Auf der üblichen Cocktail-Party spielt das Gehirn kaum eine Rolle, es sei denn als ein Organ, das eingeschläfert werden soll.

Wenn ein Mensch einem anderen zuhört, dann hört er oft nur, was er hören will. Er hat die Fähigkeit, sich gegen alles, was ihm unangenehm ist, abzuschirmen und es aus dem Gehörten auszufiltern.

In einem interessanten Buch von Alexandra David-Neel und Lama Yongden, *The Secret Oral Teachings in Tibetan Buddhist Sects*[1], berichtet die Verfasserin von einem Gespräch mit einem gelehrten Tibeter über ihren Plan, das Buch zu schreiben. Was der weise Mann ihr sagt, ist amüsant und bringt genau das zum Ausdruck, was ich hier sagen möchte: »Zeitverschwendung. Die meisten Leser und Hörer auf der ganzen Welt gleichen sich. Ich habe keinen Zweifel daran, daß die Menschen in Ihrem Lande die gleichen sind wie diejenigen, die ich in China und Indien kennengelernt habe, und sie waren nicht anders als die Tibeter. Wenn Sie über profunde Wahrheiten mit ihnen sprechen, dann gähnen sie, und wenn sie sich trauen, dann stehen sie auf und gehen fort. Aber wenn Sie ihnen absurde Märchen erzählen, dann hören sie begierig zu. Die Lehren, die Sie ihnen vermitteln, seien es nun religiöse, philosophische oder soziale, sollen angenehm sein und ihren Vorstellungen entsprechen, sie sollen ihre Bedürfnisse befriedigen, sie wollen sich selbst darin wiederfinden und in ihrem Verhalten durch diese Lehren bestätigt werden.«

Die Sache wird dadurch noch schwieriger, daß Worte für verschiedene Menschen oft verschiedene Bedeutungen haben. Das erzeugt manchmal ein sehr eigenartiges Phänomen, welches Timothy Leary so beschreibt: »Mein Schachbrett versucht, sich mit deinem Monopoly-Spiel zu unterhalten.« *The American Dream*[2] von Edward Albee beginnt mit einer solchen Szene. Es ist ein Gespräch zwischen einem Mann und seiner

---

[1] In wörtlicher Übersetzung: Die geheimen, mündlich überlieferten Lehren in tibetisch-buddhistischen Schulen.

[2] In wörtlicher Übersetzung: Der amerikanische Traum.

Frau. Sie erzählt ihm in allen Einzelheiten, was sie beim Einkaufen erlebt hat, aber er ist in Gedanken meilenweit von ihr entfernt. Sie unterbricht sich nur gelegentlich, um ihn aufzufordern, das zu wiederholen, was sie gesagt hat. Sie will sich vergewissern, daß er ihr zuhört. Aber in Wirklichkeit hat er kein einziges Wort »gehört«, aber er kann ihre Erzählung trotzdem wörtlich wiederholen. Die Zuschauer amüsieren sich köstlich. Eigenartig, daß sie nicht weinen, denn die meisten von uns erleben solche Szenen jeden Tag. Wenn wir dem anderen wirklich aufmerksam zuhören wollten, könnten wir vielleicht seine Freude oder seinen Kummer spüren. Die Liebe hört auf den anderen, sie hört ihm zu.

Die Liebe braucht die körperliche Berührung. Wer einen anderen Menschen liebt, liebkost ihn. Die körperliche Liebe ist notwendig für das Glück, das Wachstum und die Entwicklung. Wir haben schon davon gesprochen, daß ein kleines Kind die körperliche Wärme seiner Mutter spüren muß. Wenn es nicht in den Arm genommen und gestreichelt wird, dann stirbt es, auch wenn alle seine biologischen Bedürfnisse befriedigt werden. Die Behauptung von Freud, daß der Mangel an sinnlichem Genuß die Grundursache für jede Geisteskrankheit sei, ist auf die verschiedenste Weise interpretiert worden, und man hat ihn sogar als »schmutzigen alten Mann« abgestempelt. Was er mit dem Begriff »sinnlicher Genuß« gemeint hat, reicht vom Säugen des Babys und Windelnwechseln bis zu den leidenschaftlichsten sexuellen Erfahrungen und umfaßt alle dazwischenliegenden Stufen der Befriedigung sinnlicher Bedürfnisse. Man kann sogar einen Händedruck als sinnliche Erfahrung bezeichnen. Unsere moralischen Vorurteile gegen die meisten Arten körperlichen Kontakts zwischen den Menschen gehen so weit, daß sie mancherorts sogar durch Gesetze verboten werden. Viele Menschen haben sich deshalb so weit von der körperlichen Liebe entfernt, daß sie sie nur noch auf der rein animalischen Ebene praktizieren. Ob ein Mann einer Frau die Hand reichen darf oder nicht, entscheidet nach Emily Post die Frau. Wenn sie ihm die Hand reicht, darf der Mann sie ergreifen. Sie verhält sich aber auch »richtig«, wenn sie ihm nicht die Hand

In der Liebe ist jeder Mensch seine eigene persönliche Herausforderung.

gibt. Und so distanzieren wir uns voneinander durch erlernte Manieren und im Befolgen gesetzlicher Vorschriften.

Du zweifelst nicht mehr an der realen Existenz eines Menschen, den du berühren kannst, dessen warme Haut du, wenn auch nur für einen Augenblick, an deinem Körper spürst. Ich verstoße ständig gegen die Etikette, indem ich Männern und Frauen die Hand reiche. ich ernte entsetzte Blicke, wenn ich die Hand des anderen länger als üblich in der meinen halte und dann die freie Hand mit einer freundlichen Geste darüberlege. Einige Menschen erschrecken bei dieser Gelegenheit. Sie werfen mir einen fragenden Blick zu, als wollten sie sagen: »Was will er von mir?« Aber in den meisten Fällen ist es für uns beide die Bestätigung, daß wir zwei menschliche Wesen sind, die sich auf einer ganz realen Ebene begegnen. Man kann das vielleicht mit einem neuen philosophischen Satz so ausdrücken: »Wir berühren einander, und deshalb sind wir.« Es gibt sicherlich nur wenige Menschen, die es nicht angenehm empfinden, von anderen berührt zu werden oder sie zu berühren. Es gibt natürlich auch solche, die krankhafte Vorstellungen haben und es deshalb ablehnen. Ich habe es schon erlebt, daß Leute zu mir sagten: »Bitte berühren Sie mich nicht. Ich lasse mich nicht gern berühren.« Das ist ihr gutes Recht, und man muß es respektieren. Aber die Liebe hat auch einen körperlichen Aspekt und will berühren.

Die Liebe braucht Freiheit. Wir haben schon einmal gesagt, daß die Liebe immer und in jedem Sinne frei sei. Sie wird freiwillig gegeben und empfangen, sie braucht aber auch ihre Freiheit, um zu wachsen. Jeder Mensch, der in der Liebe wächst, wird seinen eigenen Weg finden, der ihn zur Liebe führt. Wir können andere nicht auf unseren Weg zwingen; wir können sie nur ermutigen, ihren eigenen Weg zu finden. In seinem hochinteressanten Buch über die Yaqui-Indianer, *The Teachings of Don Juan,* zitiert Carlos Casteneda den weisen Don Juan: »Du mußt immer daran denken, daß ein Pfad nur ein Pfad ist; wenn du das Gefühl hast, ihm nicht folgen zu dürfen, dann mußt du ihn unter allen Umständen verlassen. Jeder Pfad ist nur ein Pfad. Du beleidigst weder dich selbst noch andere, wenn du ihn verläßt, weil dein Kopf dir das befiehlt. Aber dein Entschluß, auf dem Pfad zu bleiben oder ihn zu verlassen, muß frei von Furcht oder Ehrgeiz sein. Ich warne dich! Sieh dir jeden Pfad sehr aufmerksam und genau an. Versuche, so oft du es für notwendig hältst, ihn zu betreten. Dann frage dich und nur dich das eine: Hat dieser Pfad ein Herz? Die Pfade sind alle gleich; sie führen ins Nichts. Es sind Pfade, die durch den Busch oder in den Busch führen. Die Frage ist: Hat dieser Pfad ein Herz? Wenn er ein Herz hat, dann ist der Pfad gut; hat er es nicht, dann ist er nutzlos. Beide Pfade führen nirgendwo hin, aber der eine hat ein Herz, und der andere hat es nicht. Man begibt sich auf eine Reise, die einem Freude bringen wird; solange du diesem Weg folgst, wirst du eins mit ihm sein. Der andere Weg wird dich dahin bringen, daß du dein Leben verfluchst. Der eine Weg macht dich stark, der andere schwach.«

Jeder einzelne kann nur selbst beurteilen, welcher Pfad ein Herz für ihn hat. Wo die Pfade sich kreuzen, gibt es Vereinigungen. Wo sie parallel zueinander verlaufen, gibt es Frieden, vorausgesetzt jeder Pfad liebt und ehrt den anderen.

Die Liebe gibt nie die Richtung an, denn sie weiß: Wer einen Menschen dazu bringt, seinen Pfad zu verlassen und dem eines anderen zu folgen, der nie wirklich sein eigener sein kann, wird ihn mit Sicherheit »schwächen«. Jeder muß die Freiheit haben, seinen eigenen Weg zu gehen, auf seine Weise und in dem ihm gemäßen Tempo. Er muß die Freiheit haben, seine eigenen Fehler zu machen und alles daraus zu lernen, was für ihn daraus zu lernen ist. Unsere Liebe soll dem anderen Kraft geben, seine Suche ungehindert und freudig fortzusetzen. Sie soll ihm Tag für Tag die Ermutigung geben, die er braucht. Jede Hilfe, die wir gewähren, hat nur die Absicht, den anderen das Selbst finden zu lassen, das er schon so lange sucht. Die Liebe ist sein Ratgeber, nicht sein Führer. Jeder Mensch ist sein eigener Führer. Die Liebe ist niemals Ausdruck des Willens, des Besserwissen-Wollens dessen, der sie verschenkt. Denn wenn das unsere »Hilfe« ist, dann haben wir den Geliebten daran gehindert, seinen eigenen Weg zu gehen, und er ist nicht wirklich frei. Er hat seinen Pfad, und die Liebe ermutigt ihn, seinen Weg zu gehen, auch wenn dieser Weg sich nicht von dem von uns gewünschten Weg kreuzt. Wenn wir ihn veranlassen von dem Weg abzuweichen, den er als seinen erkennt, dann führen wir ihn ins Dunkle, und wie Thoreau sagt: »Vögel in Käfigen singen nicht.«

Die Liebe kennt ihre eigenen Bedürfnisse. Die Gesellschaft kennt ungezählte Regeln und Richtlinien, die uns helfen sollen, die Liebe und Anerkennung unserer Mitmenschen zu finden. Oft hält der Mensch das, was andere glauben, denken oder sagen, für so wichtig, daß er nicht mehr darauf hört, was er selbst glaubt, denkt oder sagt. Die Gesellschaft sagt ihm, wie das Haus aussehen müsse, in dem er lebt. Aber er hat sich immer gewünscht, in einer Art Iglu zu leben. Wenn er sich nun einen Iglu baut, werden »die Leute« ihn für verrückt halten. Deshalb baut er sich ein Haus im Landhausstil, das ihn nun wirklich verrückt macht. Ihm gefallen Wände mit warmen Farben, vielleicht orangefarbene Wände. Schon als Kind war Orange seine Lieblingsfarbe. Aber der Innenarchitekt sagt ihm: »Niemand läßt seine Wände orangefarben streichen.« Avocadogrün sei der letzte Schrei. Also läßt er seine Wände grün anstreichen, und er folgt dem Rat des Innenarchitekten, purpurfarbene Vorhänge anzubringen – »sehr elegant« – und dazu ein braunroter Teppichboden – »das Allerneueste«. So hat er nun grüne Wände, purpurne Vorhänge und einen rotbraunen Teppichboden. Und jedesmal, wenn er in dieses Zimmer kommt, wird ihm übel. Aber die Nachbarn und die Zeitschrift »Better Homes & Gardens« halten das für das Richtige, und deshalb muß es richtig sein. Häuser werden für die Bauunternehmer gebaut, unsere Bekleidung wird von sadistischen Couturiers entworfen, Hollywood und Cinecitta bestimmen, was schön ist, und das Individuum ist verloren. Es beugt sich dem Diktat anderer, manchmal sogar, ohne sich dessen bewußt zu sein.

Unser Leben wird von Nebensächlichkeiten beherrscht, aber man sagt uns, sie brächten uns der Liebe näher. Jeden Tag wird es schwieriger, endlich aus dem Badezimmer herauszukommen. Wir stehen auf, machen 20 Minuten Frühsport, stellen uns dann unter die Dusche, trocknen uns ab, pflegen unsere

Haut mit Puder und Creme, putzen die Zähne und benutzen dann, um ganz sicher zu sein, ein Mundwasser, waschen uns die Haare und verwenden viel Zeit darauf, sie zu trocknen, zu bürsten, zu legen und zu kämmen. Wir desodorieren uns, werfen uns die Kleider über, schlüpfen in die Schuhe, räumen das Schlafzimmer auf, stürzen eine Tasse Kaffee hinunter und sind endlich bereit, den Tag zu beginnen. Einige von uns wiederholen die ganze Prozedur, bevor sie abends zu Bett gehen. Das Ergebnis ist, daß wir nicht mehr wissen, wie ein menschliches Wesen riecht, und diesen Geruch als abstoßend empfinden. Wir sind so sauber, daß wir die Resistenz gegen Bakterien verloren haben, wenn wir ins Ausland reisen. Was getan werden muß, nimmt uns so sehr in Anspruch, daß wir keine Zeit mehr haben zu tun, was wir tun wollen. Ich empfehle nicht die Rückkehr zu primitiven hygienischen Verhältnissen. Ich glaube auch nicht, daß wir alle Verfasser von Büchern über die Etikette, die unser Leben so sehr kompliziert, umbringen sollten, und will auch nicht alle Modeschöpfer, Innenarchitekten und Werbefachleute des Landes verweisen. Ich will nur sagen, daß der Mensch auf seine eigene innere Stimme hören sollte, denn sonst wird er sich gezwungen sehen, sein eigenes Selbst ein für allemal aufzugeben.

Die Liebe achtet auf ihre eigenen Bedürfnisse und schätzt ihre Einzigartigkeit. Sie kann es nicht ertragen, daß sich die Menschen einander immer mehr angleichen, so daß es nicht mehr lange dauern wird, bis sich das Individuum nur noch anhand der Nummer seiner Kennkarte identifizieren läßt.

Die Liebe erkennt die physischen und emotionalen Bedürfnisse des Menschen an. Sie erkennt so gut, wie sie sehen kann, und vernimmt so gut, wie sie hören kann. Die Liebe berührt, streichelt und freut sich am sinnlichen Genuß. Die Liebe ist frei und läßt sich nicht verwirklichen, wenn man ihr nicht die Freiheit läßt. Die Liebe findet ihren eigenen Weg, bestimmt ihr eigenes Tempo und geht in ihre eigene Richtung. Die Liebe weiß von ihrer Einzigartigkeit und freut sich an ihr. Die Liebe braucht keine Anerkennung, denn eine Liebe, die nach Anerkennung sucht, ist nicht die wahre Liebe.

10.
Als Liebender mußt du sehr stark sein

»Es sind die Schwachen, die grausam sind. Freundlichkeit und Güte dürfen wir nur von den Starken erwarten.«

Leo Rosten

Als Liebender zu leben ist die größte Herausforderung. Ein solches Leben verlangt von uns mehr Unterscheidungsvermögen, Flexibilität, Zartgefühl, Verständnis, Entgegenkommen, Toleranz, Wissen und Stärke als jedes andere menschliche Bestreben und jedes andere menschliche Gefühl. Denn die Liebe und die reale Welt stellen sich uns als zwei zueinander im Widerspruch stehende starke Kräfte dar. Auf der einen Seite stellt man vielleicht fest, daß man nur dann lieben und geliebt werden kann, wenn man verwundbar ist. Aber zugleich zeigt es sich, daß man, wenn diese Verwundbarkeit im täglichen Leben zu deutlich sichtbar wird, das Risiko eingeht, mißbraucht und übervorteilt zu werden. Wenn man, um diese Verwundbarkeit zu schützen, einen Teil seiner selbst in Reserve hält, empfängt man auch nur die begrenzte Liebe, die man zu geben bereit ist. Die einzige Chance, die Liebe in ihrer ganzen Tiefe zu erfahren, liegt darin, rückhaltlos alles zu geben, was man besitzt. Dennoch wirst du oft erleben, daß du auch dann, wenn du alles gegeben hast, nur wenig oder gar nichts zurückbekommst.

Du weißt, daß du als Liebender dem anderen vertrauen und glauben mußt, denn das ist die einzig mögliche Einstellung zur Liebe. Aber wenn du deinem Vertrauen und deinem Glauben Ausdruck verleihst, wird die Gesellschaft nicht zögern, dich auszunutzen und zum Narren zu halten. Wenn du deine Hoffnung auf die Liebe setzt und weißt, daß dein Traum von einer umfassend liebenden Menschlichkeit nur mit dieser Hoffnung verwirklicht werden kann, verlacht dich die Gesellschaft als idealistischen Träumer. Wenn du dich aber nicht leidenschaftlich um die Liebe bemühst, dann hält man dich für impotent und nennt dich einen Sonderling. Und doch weißt du, daß man nach der Liebe nicht suchen muß. Sie ist überall. Nach ihr zu suchen ist eine Selbsttäuschung, eine Scharade. Wenn du beschließt, ein ganz von der Liebe erfülltes Leben zu führen, weil du weißt, daß du nur dann ein ganzer Mensch bist, wenn du liebst, dann wirst du von der Gesellschaft als schwächlicher Romantiker abgestempelt. Die Liebe und die reale Welt scheinen sich miteinander nicht vertragen zu wollen und meilenweit voneinander entfernt zu sein. So ist es kein Wunder, daß es so viele Menschen nicht wagen, die Kluft zu überbrücken, denn in der Praxis erscheint diese Kluft unüberbrückbar. Der Mensch weiß zwar, daß die Liebe wachsen soll, und strebt danach, aber die Gesellschaft erschwert ihm die praktische Verwirklichung dieses Wissens. Die Realität der Gesellschaft ist anders als die Realität der Liebe. Den meisten Menschen fällt es zu schwer, an die Liebe zu glauben, solange sie keine Möglichkeit sehen, sie in der Praxis zu verwirklichen. Deshalb glauben sie, es sei leichter, auf die Liebe zu verzichten, sie nur bestimmten Menschen zu bestimmten Gelegenheiten zu schenken und ihre angebliche Realität in Frage zu stellen, wie es die Gesellschaft tut.

Um dich der Liebe zu öffnen, der Liebe zu vertrauen und an sie zu glauben, in der Liebe voller Hoffnung zu sein und ein von Liebe erfülltes Leben zu führen, mußt du sehr stark sein. Dieser Zustand wird im wirklichen Leben so selten erfahren, daß die Menschen nicht wissen, wie sie damit fertig werden sollen, auch wenn sie dieses Phänomen irgendwo entdecken. Sie kreuzigen einen Jesus, erschießen einen Gandhi, enthaupten einen Thomas More und vergiften einen Sokrates. In der Gesellschaft gibt es wenig Raum für Ehrlichkeit, Zärtlichkeit, Güte oder Rücksichtnahme. Diese Eigenschaften stehen im Leben in »dieser Welt« im Wege. Und dieses Phänomen ist das Grundthema der großen Werke der Weltliteratur, von Platos *Staat* und Dostojewskis *Der Idiot* bis zu Kazantzakis' *The Greek Passion*[1] und Luis Bunuel's *Der Nazarener*. Es ist fast wie ein Glücksspiel. Die Menschen suchen nach einer verehrungswürdigen Persönlichkeit. Wenn sie diese Persönlichkeit endlich gefunden haben, verharren sie eine Zeitlang in andächtiger Verehrung zu ihren Füßen und finden schließlich ihre größte Befriedigung darin, diese Persönlichkeit zu ermorden. Es ist ihnen augenscheinlich unmöglich, das Vollkommene zu ertragen, denn es veranlaßt sie, über sich selbst nachzudenken. Es fordert sie auf, sich zu verändern, aber der Gedanke daran ist vielleicht zu unbequem und zu schmerzlich. Es ist leichter, die Vollkommenheit zu übersehen und sich nicht näher darauf einzulassen. Dann können sich die Menschen mit ihrer eigenen Unvollkommenheit zufrieden geben.

Es ist eine Tatsache, daß wir nicht in einer Welt der Liebenden leben. Wer sich mit der realen Welt der Menschen auseinandersetzen muß, stößt dabei wahrscheinlich auf Selbstsucht, Grausamkeit, Manipulationen und ähnliche parasitäre Verhaltensweisen. Wer sich auf die wirkliche Welt außerhalb seiner selbst verlassen will, wird enttäuscht werden und bald feststellen, daß die Gesellschaft und die Menschen alles andere als vollkommen sind. Denn diese Gesellschaft ist von unvollkommenen Menschen geschaffen worden. Um mit dem, was der Mensch vorfindet, fertigzuwerden und trotzdem ein von Liebe erfülltes Leben zu führen, muß er sehr stark sein. Er wird nur überleben, wenn diese Stärke in ihm selbst liegt. Er darf nicht versuchen, der Welt seine Liebe zu schenken und, wenn er zurückgewiesen wird, dieser Welt den Vorwurf zu machen, sie habe ihn nicht verstanden. Wenn er keine Liebe findet, kann er dafür nur dem Umstand die Schuld geben, daß er keine Liebe hat. Die Liebe muß in ihm selbst verankert sein. Er muß sich ganz der Liebe hingeben und unbeugsam an der Liebe festhalten. Er darf nicht wie Voltaires törichter *Candide* sein und nur das Gute sehen, wo das Böse existiert. Er muß auch wissen, daß das Böse, der Haß und die Bigotterie wirklich existieren, aber

---

[1] Deutsche Ausgabe: Griechische Passion. Rowohlt, Hamburg 1981.

Ein von Liebe erfülltes Leben zu führen ist die größte Herausforderung.

er muß erkennen, daß die Liebe die größte Kraft ist. Er darf das keinen Augenblick bezweifeln, denn sonst ist er verloren. Seine einzige Rettung liegt darin, sich ganz der Liebe hinzugeben, wie sich Gandhi der militanten Gewaltlosigkeit, Sokrates der Wahrheit, Jesus der Liebe und More der Integrität hingegeben haben. Nur dann wird er stark genug sein, gegen die Kräfte des Zweifels, der Verwirrung und des Widerspruchs zu kämpfen. Niemand und nichts wird ihn bei diesem Kampf unterstützen und ermutigen als *er selbst*. Das ist vielleicht ein einsamer Weg, aber er wird weniger einsam sein, wenn der Mensch das Folgende begreift:

Seine Hauptaufgabe ist es, sein wirkliches Selbst zur Entfaltung zu bringen.

Eine ebenso wichtige Aufgabe ist es, anderen zu helfen, stark zu werden und sich als einzigartige Individuen zu vervollkommnen.

Er wird die größten Erfolge haben, wenn er allen Menschen die Gelegenheit gibt, ihre Gefühle zu zeigen, ihren höchsten Bestrebungen Ausdruck zu verleihen und ihre Träume mit anderen zu teilen.

Er muß erkennen, daß die als »böse« bezeichneten Kräfte von leidenden Menschen ausgehen, die, wie er selbst, »menschlich« sind und sich darum bemühen, ihr »Wesen« zu vervollkommnen.

Er muß diese Kräfte des Bösen mit seiner aktiven Liebe bekämpfen, die aufrichtig darum bemüht ist, jeden anderen bei seiner Suche nach sich selbst in aller Freiheit zu unterstützen.

Er darf nicht glauben, daß die Welt häßlich, abstoßend und destruktiv ist, sondern daß das, was der Mensch aus der Welt gemacht hat, sie so erscheinen läßt.

Er muß ein Vorbild sein. Nicht ein Modell der Vollkommenheit, eines Zustandes, den der Mensch nur selten erreicht, sondern ein vorbildliches menschliches Wesen. Denn ein gutes menschliches Wesen ist das Größte, was er sein kann.

Er muß sich seine eigene Unvollkommenheit verzeihen können.

Er muß begreifen, daß die Veränderung unvermeidlich und immer gut ist, wenn sie in die Richtung der Liebe und der Selbstverwirklichung geht.

Er muß überzeugt sein, daß ein erlernbares Verhalten in die Praxis umgesetzt werden sollte: »Zu sein heißt handeln.«

Er muß lernen, daß er nicht von allen Menschen geliebt werden kann. Das ist das Ideal. In der Welt der Menschen findet man das nicht oft. Er kann die schönste Frucht der Welt sein; reif, saftig, süß und wohlschmeckend, und er kann sich der ganzen Welt anbieten. Aber er darf nicht vergessen, daß es Menschen gibt, die solche Früchte nicht mögen.

Er muß auch begreifen, daß irgend jemand, den er selber liebt, ihn, den besten Pfirsich der Welt, nicht mag. Dann hat er die Möglichkeit, eine Banane zu werden. Aber er muß dabei bedenken, daß er in diesem Fall nur eine zweitklassige Banane werden wird. Er kann jedoch immer der denkbar beste Pfirsich sein.

Er muß auch wissen: Wenn er sich entschließt, eine zweitklassige Banane zu werden, könnte der geliebte Mensch ihn für zweitklassig halten und sich von ihm trennen, weil er nach einer erstklassigen Banane sucht. Er kann sein ganzes Leben mit dem Versuch zubringen, zur denkbar besten Banane zu werden, was jedoch unmöglich ist, wenn er ein Pfirsich ist –, oder er kann wieder versuchen, der beste Pfirsich zu sein.

Er muß sich darum bemühen, alle Menschen zu lieben, auch wenn sie ihn nicht wiederlieben. Er liebt nicht, um geliebt zu werden; er liebt, um zu lieben.

Er darf keinen Menschen zurückweisen, denn er hat erkannt, daß er selbst Teil eines jeden anderen ist. Wenn er auch nur einen einzigen Menschen zurückweist, dann weist er sich selbst zurück.

Er muß wissen: Wenn er alle Menschen liebt und einer ihn

abweist, darf er sich nicht in Furcht, Schmerz, Enttäuschung oder Zorn zurückziehen. Es ist nicht die Schuld des anderen. Der andere war nicht bereit, das ihm angebotene Geschenk anzunehmen. Die Liebe wurde ihm nicht unter bestimmten Bedingungen angeboten. Wer Liebe verschenkt, tut es, weil er das Glück hat, sie in sich zu spüren, weil ihm dieses Geschenk Freude macht und nicht, weil er ein Gegengeschenk erwartet.

Er muß begreifen, wenn seine Liebe einmal zurückgewiesen worden ist, gibt es Hunderte von anderen Menschen, die auf seine Liebe warten. Die Vorstellung, es gäbe nur *eine* wahre Liebe, ist Selbsttäuschung. Es gibt *viele* wahre Lieben.

Diese Gedanken helfen dir, stark genug zu werden, um ein Liebender zu sein. Denn dies verlangt von dir, daß du jederzeit den Scharfsinn des Weisen, die Flexibilität des Kindes, die Sensibilität des Künstlers, das Verständnis des Philosophen, die Aufnahmebereitschaft des Heiligen, die Toleranz des Eingeweihten, das Wissen des Gelehrten und die Tapferkeit des Menschen hast, der seiner Sache sicher ist. Das sind hohe Anforderungen! Alle diese Eigenschaften werden in dem wachsen, der sich für die Liebe entscheidet, denn sie sind bereits Teil seines Potentials und werden durch die aktive Liebe verwirklicht. Dann wird es Sache des Liebens, dich auf deinem Weg der Liebe zu stärken.

»...und wir selbst werden eine Zeitlang geliebt und dann vergessen werden. Aber die Liebe wird genügt haben; alle diese Impulse der Liebe kehren zu jener Liebe zurück, die sie hervorgebracht hat. Auch die Erinnerung ist für die Liebe nicht notwendig. Es gibt ein Land der Lebenden und ein Land der Toten, und die Brücke ist die Liebe; nur in ihr überleben wir, und nur sie gibt dem Leben einen Sinn.«

Thornton Wilder

11.
Liebe rechtfertigt
sich nicht

»Wenn ich mit dem Niedrigsten auf gleicher Stufe stehe, bin ich nichts – und wenn ich nicht genau wüßte, daß der verrückteste Trunkenbold im Dorf auf der gleichen Stufe steht wie ich, und nicht stolz wäre, neben ihm als meinem Freund die Straße entlang zu gehen, würde ich kein einziges Wort mehr schreiben – denn darin liegt meine Stärke.«

Edward Carpenter

Dieses kleine Büchlein bringt nur das, was ich am Anfang versprochen habe. Es ist keine tiefgründig philosophische oder umfassende Abhandlung über die Liebe und auch kein gelehrter Forschungsbericht zu diesem Thema. Die Verantwortung für ein solches Werk müßte jemand übernehmen, der viel klüger, erfahrener und sprachgewandter ist als ich und über ein viel umfangreicheres Wissen verfügt.

Mit dieser Arbeit habe ich vielmehr den Versuch unternommen, meine eigenen Erfahrungen mit anderen zu teilen, und in diesem Sinne ist sie Ausdruck der Liebe. Ob nun meine Botschaft verstanden wird oder nicht, die Mühe hat sich gelohnt, denn mit dem Schreiben eines Buches über die Liebe habe ich mich bewußt Lob oder Tadel, Zustimmung oder Ablehnung ausgesetzt – vielleicht habe ich mich damit sogar lächerlich gemacht. Ich bin damit in eine Situation geraten, in der ich völlig schutzlos bin, und die Verwundbarkeit ist immer ein Hauptbestandteil der Liebe.

Der Pfarrer William Du Bay hat das viel besser ausgedrückt als ich: »Das Allermenschlichste, was wir in diesem Leben tun sollen, ist, daß wir lernen, unsere Überzeugungen und Gefühle ehrlich auszusprechen und mit den Folgen zu leben. Das ist die erste Voraussetzung für die Liebe, und es macht uns verwundbar gegenüber anderen, die uns dafür verspotten können. Aber unsere Verwundbarkeit ist das einzige, was wir anderen Menschen geben können.«

Ja...!

Der Autor

Leo Buscaglia, Dr. phil., ist Professor für Erziehungswissenschaften an der Universität von Süd-Kalifornien. Seine vielen Vorlesungen und Vorträge haben ihn weithin bekannt und beliebt gemacht.

Mit seinem aufmerksamen Blick für menschliches Leben hat er an seiner Universität ein »Liebes«-Seminar entwickelt. *Das Elixier des Lebens – Liebe, das größte Abenteuer* ist ein Ergebnis der Arbeit mit seinen Studenten in diesem Seminar. Die Grundüberzeugung von Dr. Buscaglia lautet: Lieben ist lernbar, jeder kann lieben lernen, und jeder sollte es tun.

Mit seinem gesprochenen und geschriebenem Wort vermittelt uns Leo Buscaglia Wesentliches von dem, worum es in unser aller Leben wirklich geht.

Dank des Verfassers

Unser Dank gilt all denen, die uns erlaubt haben, aus den folgenden Werken kurze Zitate abzudrucken:

Carlos Castaneda, *The Teachings of Don Juan: A Yaqui Way of Knowledge,* Berkeley 1968. Das Zitat aus diesem Buch ist abgedruckt mit Erlaubnis von The Regents of the University of California.

Alexandra David-Neel und Lama Yongdon, *The Secret Oral Teachings in Tibetan Buddhist Sects,* San Francisco 1967. Zitat abgedruckt mit Erlaubnis von City Lights Books.

Charles Reich, *The Greening of America: How the Youth Revolution is Trying to make America Livable,* New York 1970.

Pitirim A. Sorokin, *The Ways and Power of Love,* Chicago 1967.

Alan Watts

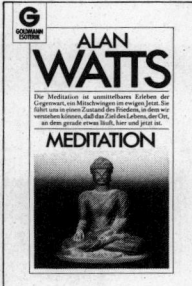

ALAN WATTS

Die Meditation ist unmittelbares Erleben der Gegenwart, ein Mitschwingen im ewigen Jetzt. Sie führt uns in einen Zustand des Friedens, in dem wir verweilen können, daß das Ziel des Lebens, der Ort, an dem gerade etwas läuft, hier und jetzt ist.

MEDITATION

11790

ALAN WATTS

Ein solches Vertrauen in einen Gott, den man sich in keiner Weise vorstellen kann, ist eine weit höhere Form des Glaubens als das glühende Festhalten an einem Gott, von dem man eine bestimmte Vorstellung hat. Eine solche Vorstellung muß falsch sein.

GOTT

11791

ALAN WATTS

Als die Akdeuren beschlossen hatten, ein stehen haben, wurde zugleich wegen patriotischer Rü gesetzt, daß es ein Nationaltheater sein sollte. I tion, wenigstens dem Teile nach, aus Akdeuin mußte ihr Theater notfölglich ein akdertische

NICHTS

11792

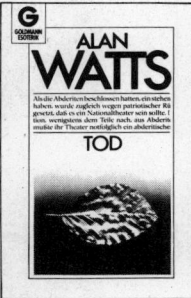

ALAN WATTS

Als die Akdeuren beschlossen hatten, ein stehen haben, wurde zugleich wegen patriotischer Rü gesetzt, daß es ein Nationaltheater sein sollte. I tion, wenigstens dem Teile nach, aus Akdeuin mußte ihr Theater notfölglich ein akdertische

TOD

11793

ALAN WATTS

Als die Akdeuren beschlossen hatten, ein stehen haben, wurde zugleich wegen patriotischer Rü gesetzt, daß es ein Nationaltheater sein sollte. I tion, wenigstens dem Teile nach, aus Akdeuin mußte ihr Theater notfölglich ein akdertische

ZEIT

11794

ALAN WATTS

Als die Akdeuren beschlossen hatten, ein stehen haben, wurde zugleich wegen patriotischer Rü gesetzt, daß es ein Nationaltheater sein sollte. I tion, wenigstens dem Teile nach, aus Akdeuin mußte ihr Theater notfölglich ein akdertische

DIE NATUR DES MENSCHEN

11796

ALAN WATTS

Als die Akdeuren beschlossen hatten, ein stehen haben, wurde zugleich wegen patriotischer Rü gesetzt, daß es ein Nationaltheater sein sollte. I tion, wenigstens dem Teile nach, aus Akdeuin mußte ihr Theater notfölglich ein akdertische

KOSMISCHES DRAMA

11797

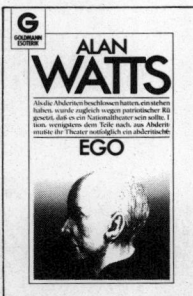

ALAN WATTS

Als die Akdeuren beschlossen hatten, ein stehen haben, wurde zugleich wegen patriotischer Rü gesetzt, daß es ein Nationaltheater sein sollte. I tion, wenigstens dem Teile nach, aus Akdeuin mußte ihr Theater notfölglich ein akdertische

EGO

11798

ALAN WATTS

Als die Akdeuren beschlossen hatten, ein stehen haben, wurde zugleich wegen patriotischer Rü gesetzt, daß es ein Nationaltheater sein sollte. I tion, wenigstens dem Teile nach, aus Akdeuin mußte ihr Theater notfölglich ein akdertische

PHILOSOPHISCHE FANTASIEN

11799

14001

14002

14004

14005

14006

14007

NEW AGE
MODELLE FÜR MORGEN

14008

14010

14012

14013

14014

GOLDMANN VERLAG

GOLDMANN VERLAG

Thorwald Dethlefsen